大变局

当代资本主义批判

DABIANJU
DANGDAI ZIBEN
ZHUYI PIPAN

张炯 著

广西师范大学出版社
GUANGXI NORMAL UNIVERSITY PRESS
·桂林·

图书在版编目（CIP）数据

大变局 ： 当代资本主义批判 / 张炯著. -- 桂林 ： 广西师范大学出版社，2024. 10. -- ISBN 978-7-5598-7374-3

Ⅰ. D091.5

中国国家版本馆 CIP 数据核字第 20244E2H54 号

广西师范大学出版社出版发行

（广西桂林市五里店路 9 号 邮政编码：541004
网址：http://www.bbtpress.com）

出版人：黄轩庄

全国新华书店经销

广西广大印务有限责任公司印刷

（桂林市临桂区秧塘工业园西城大道北侧广西师范大学出版社集团有限公司创意产业园内 邮政编码：541199）

开本：880 mm × 1 240 mm 1/32

印张：7.25 字数：200 千

2024 年 10 月第 1 版 2024 年 10 月第 1 次印刷

定价：42.00 元

前　言

当今世界正在经历百年未有之大变局。在这一变局之中,种族主义、殖民主义和资本积累等历史遗留因素始终发挥着不可忽视的作用,这些因素同时也成为国外学者切入资本主义批判的视角。诸如后殖民主义、反殖民主义、批判的种族理论等思潮流派都对批判资本主义做了不少经典的思考,但是它们与马克思主义的关系又非常复杂。我们应如何理解诸如此类的资本主义批判,同样作为批判资本主义之重要理论资源的马克思主义对涉及这些视角的资本主义批判具有怎样的当代价值,这些都是需要澄清的问题。本著在系统梳理国外学界批判资本主义的理论资源基础上,试图从马克思主义的立场、观点和方法出发,对这一领域的一些重要问题和争论作出有效的回应。

本著主要涉及种族主义、黑人问题、殖民主义和资本积累等四个论题。在种族主义部分,揭示了资本主义批判的种族维度,重点讨论种族资本主义批判、批判的种族理论等思潮或论域如何从种族视角出发批判资本主义,既指出这些研究在反种族主义的理论及实践方面所作出的突出贡献,也点明它们与马克思主义研究进路的差异乃至争议所在,体现了现有的理论资源各自具有不可避免的局限性。在黑人问题部分,主要讨论了黑人激进传统与黑人身份政治,认为它们是当代西方世界反抗种族不平等和白人至上系统的一大表征,但是它们在主体性上具有内在的局限,并从根本上区别于马克思主义。在殖民主义部分,揭示了后殖民研究在时间、空间和意识形态等方面都存在难以避免的缺憾,其在全球化时代的未来充满不确定性。马克思对殖民主义的批判建基于唯物史观,并纳入市民社会的论域,但是其在国族精神层面的批判缺席需要我们进一步清理。在资本积累部分,揭示了马克思的政治经济学批判计划里包含了从原始积累问题切入对资本主义起源和发展的探寻。随着历史的发展,原始积累逐渐消融在现代资本积累的过程中,资本积累固有的抽离机制非但没有剔除过去的剥削和剥夺手段,反而通过更加残酷的驱离行动堂而皇之地实现资本积累的目的。

目　录

导论　资本主义的阴暗面

2020年是极其不平凡的一年。不仅有在年初暴发的新冠疫情大流行，威胁着全球人类的生命安全，而且有在这一历史背景下爆发的反种族主义歧视运动。如因美国黑人乔治·弗洛伊德被白人警官杀害而引发的“黑命攸关（Black Lives Matter）”运动、因波士顿事件而引发的“反对歧视亚裔”运动，以及西方国家和组织就新疆棉大做文章而对中国发出“种族灭绝”的无理指责。诸如此类的事件体现了资本主义世界的另一面，同时也是非常阴暗的一面：在西方经济和社会繁荣表象的背后，是根深蒂固的种族歧视和压迫，以及白人至上意识占主导地位的运作逻辑，它们赋予了白种人优越性。针对这一现象，国外人文社会科学界的不少学者展开了讨论或争论，纷纷从种族主义视角切入资本主义批判。与种族主义视角直接相关的是殖民主义，在某种意义上我们可以认为，正是殖民主义的全球作用才使得资本主义得以发展起来。殖民主义让资本原始积累完成了其阶段性的历史使命，资本积累在当代孕育出了新的更加复杂的形态。

本书希望审视种族主义、殖民主义和资本主义等视角下的资本主义批判,在总结与归纳国外相关研究的基础上,批判地看待这些富有历史意蕴和现实效应的成果;并且进一步从马克思主义的立场、观点和方法出发,回应一些争议性论点,澄清马克思主义经典作家在种族主义、殖民主义和资本积累等问题上的基本论点。在现实意义上,本书也可以为我们应对西方势力的种族主义指责和压迫、应对全球治理变局、主动参与全球治理的建设性发展提供一定的理论参考,促使一些理性有效政策的制定和施行。

本导论首先把握国内外学界关于这些主题的研究现状,分为以下几个部分综述之。

一、种族与种族主义

一般而言,种族是一种基于生物学特征的范畴,但是在大多数批评者眼中,种族是社会建构的产物。种族主义即是建立在种族差异之上的系统性歧视和压迫。我们首先需要面对的是与种族、种族理论和种族主义等概念相关的研究成果。

第一,种族理论研究。格拉斯哥(Joshua Glasgow)在其《种族理论》一著中,从哲学和心理学角度考察了人们对种族的理解,他认为,种族实际上是一种幻觉。然而,我们迫切需要与社会生活对话并使之有意义,这要求我们使用包括种族在内的一系列话语,因而种族不再是生物学意义的概念,而完全就是一种社会现象。[①] 埃利亚斯(Sean Elias)和费金(Joe R. Feagin)对在过去和现在的主流种族理论中普遍存在的白人种族主义框架,以及其中缺乏系统的种族主义分析进行了批判。他们认为,这种不健康的白人知识框架,以及对制度性、结构性和系统性种族主义的逃避或淡化,导致如今占主流地位的种族分析及更广泛的社会分析仍然是不具批判性的。为了回应对种族问题无效的社会科学分析,两位作者提出了系统性种族主义理论。这一理论的基础在于非裔美国人和其他有色人种的批判性见解和观点,他们长期挑战有偏见的白人观点和做法,以及白人几个世纪以来创造的种族压迫和种族排斥的政治体制和社会制度。[②]

第二,种族不平等研究。奥利弗(Melvin Oliver)和夏皮罗(Thomas Shapiro)于 1995 年首次出版的《黑人财富/白人财富》是对种族不平等的经典研究,它首次提供了系统的经验证据,解释了黑人和白人之间的种族不平等差距。他们基于对私人财富(总资产和债务,而不仅仅是收入)的分析,揭示了美国根深蒂固的种族不平等,他们还展示了公共政策为何未能解决这个问题。该书不仅有力支撑了平权运动,而且直接挑战了当前美国的向富人倾斜的社会福利政策。十年之后的再版添加了两个全新的实质性章节。这些章节着眼于美国持续存在的财富和不平等问题,以及在

① Joshua Glasgow, *A Theory of Race* (London: Routledge, 2009).

② Sean Elias and Joe R. Feagin, *Racial Theories in Social Science: A Systemic Racism Critique* (London: Routledge, 2016).

过去十年里推出的新政策。①

第三,批判的种族理论研究。“批判的种族理论(Critical Race Theory)”是一群对研究和改变种族、种族主义和权力之间的关系感兴趣的活动家和学者作品的集合。批判的种族理论最初发生在法学界,之后迅速扩展到法学界以外的领域。该运动考虑了许多传统民权和种族研究话语所涉及的相同问题,但将它们置于更广阔的视角,包括经济、历史背景,群体和自身利益,甚至情感和无意识。与传统的渐进主义和民权运动不同,批判的种族理论质疑自由秩序的基础,包括平等理论、法律推理、启蒙理性主义和宪法的中立原则。在20世纪90年代,批判的种族理论是美国法学研究中的重要发展,这场主要由有色人种的进步知识分子所发起的思想和生活运动,批判地证实了美国文明中的种族问题。批判的种族理论从法律在建构和维护社会支配和从属地位中的作用的角度,审视了当代法律思想和学说的整体面貌。种族意识形态和权力问题在美国人的生活中具有深远的影响。批判的种族理论家质疑统治阶级对种族意义和种族权力的看法,试图形成一套思考种族的工具,以避免种族思维的陷阱。

德尔加多(Richard Delgado)和斯特凡契奇(Jean Stefancic)主编了《批判的种族理论前沿》②,并撰写了《批判的种族理论导

---

① Melvin Oliver and Thomas Shapiro, *Black Wealth/White Wealth: A New Perspective on Racial Inequality* (London: Routledge, 2006).

② Richard Delgado and Jean Stefancic (eds.), *Critical Race Theory: the Cutting Edge* (Philadelphia: Temple University Press, 2000).

论》[①],系统介绍了批判的种族理论的主题、方法与当代发展,揭示了批判的种族理论的积极的维度。它不仅试图理解,而且试图改变我们的社会状况,它不仅确定了社会是如何按照种族路线和等级制度来组织自己的,而且还致力于将社会改造得更好。

第四,种族正义研究。自罗尔斯的《正义论》出版以来,契约理论再次成为西方政治传统的核心。米尔斯(Charles W. Mills)在《种族契约论》一著中仿照西方经典的《社会契约论》,对过去五百年来欧洲的扩张主义和种族主义进行了全面审视,展示了这种特殊的、未被承认的"种族契约"是如何塑造了一个全球欧洲统治体系的,是如何使白人与非白人、完整人格和次等人格产生的,是如何影响白人的道德理论和道德心理学的,以及这种制度是如何通过意识形态条件和暴力强加给非白人的。作者通过从新世界征服和随后的殖民主义时期,到书面的奴隶制合同时期,再到 20 世纪美国隔离但平等的种族隔离制度时期的演变,揭示了不同形式的种族契约为欧洲白人对非白人的压迫暴行提供了理论架构。该书最终得出的结论是,我们所生活的社会是一个受白人至上主义主导的社会。[②] 之后在《契约与支配》中,米尔斯和《性契约论》作者帕特曼(Carole Pateman)合作讨论了他们关于契约理论的分歧及其未来,考察了白人殖民者订立契约在北美和澳大利亚创造了新的市民社会,通过对美国黑人进行赔偿的非理想契约,直面当代契约理论

---

① Richard Delgado and Jean Stefancic, *Critical Race Theory: An Introduction* (New York: New York University Press, 2001).

② Charles W. Mills, *The Racial Contract* (Ithaca: Cornell University Press, 1997).

家的遁词,探讨性别与种族的交集以及全球性种族契约的可能。①

第五,种族主义研究。李·巴克(Lee Back)和索罗莫斯(John Solomos)主编的《种族与种族主义理论读本》,汇集了诸如杜波依斯(W. E. B. Du Bois)、法农(Frantz Fanon)和罗伯特·帕克(Robert Park)等学者在种族和种族主义研究方面的基础性作品,以及吉尔罗伊(Paul Gilroy)、霍米·巴巴(Homi Bhabha)和贝尔·胡克斯(Bell Hooks)等人在该领域中的当代作品,共包括六部分内容,分别为:起源和转变;社会学、种族与社会理论;种族主义和反犹太主义;殖民主义、种族和他者;女权主义,差异与身份;改变边界和空间。该书在内容上跨越国界,在范围上从历史到当下,为读者提供多种视角。②

《大陆哲学中的种族与种族主义》中的15篇原创文章探讨了大陆哲学为当代种族理论的辩论带来的资源,并调查了欧洲一些最重要的思想家的种族主义,关注杜波依斯、萨特、理查德·赖特和法农的作品的影响,同时也考虑了欧洲哲学中(特别是在尼采、海德格尔、列维-斯特劳斯和阿伦特等人的作品中)关于种族的问题。③

弗雷德里克森(George M. Fredrickson)在《种族主义简史》一书中,考察了西方种族主义从中世纪晚期出现至今的历史,提出并思

---

① Carole Pateman and Charles W. Mills, *Contract and Domination* (Cambridge: Polity Press, 2007).

② Lee Back and John Solomos (eds.), *Theories of Race and Racism: A Reader* (London: Routledge, 2000).

③ Robert Bernasconi and Sybol Cook (eds.), *Race and Racism in Continental Philosophy* (Bloomington: Indiana University Press, 2003).

考了如下问题：反犹太主义和白人至上主义是一种普遍现象吗？为什么种族主义在14世纪之前没有出现在欧洲？为什么它在18世纪和19世纪空前繁荣？为什么20世纪出现了制度化的极端形式的种族主义？种族隔离的南非、纳粹德国和种族隔离制度下的美国南部有什么共同之处？等等。作者从中世纪将犹太人置于人类视野之外的反犹太主义开始，追溯了欧洲扩张和非洲奴隶贸易开始之后的种族主义思想的传播，同时还研究了启蒙运动和19世纪的浪漫民族主义如何为奴隶制和犹太人解放的争论创造了一个新的知识背景。在该书中，弗雷德里克森第一次对19世纪的美国有色种族主义和几乎同时出现在德国的反犹种族主义进行了比较。①

2008年出版的三卷本《种族和种族主义百科全书》，集合了种族和种族主义概念的历史起源及其在历史上的社会和科学影响。来自350位投稿人的约400个条目，围绕28个主题排列，如"殖民主义""基因和生物学概念""种族灭绝""流行文化"等。尽管美国是最受关注的国家，但这本百科全书提供了一个关于种族和种族主义的全球性视角。②

第六，地域性的种族主义研究。几十年来，美国的种族主义一直是严肃的学术话题。在哈佛大学出版社新近出版的《美国的种族主义》中，节选了来自历史、法律、社会学、医学、经济学、批判理论、哲学、艺术、文学等学科领域的著作，使读者得以全面敏锐地理

① George M. Fredrickson, *Racism: A Short History* (Princeton: Princeton University Press, 2002).

② John H. Moore (ed.), *Encyclopedia of Race and Racism* (Detroit: Thompson Gale, 2008).

解美国社会中的种族主义。后者不仅指针对黑人的种族主义,还扩展到针对非白人的种族主义,因而著中还收录了关注美国原住民、拉美人和亚洲人斗争的作品。[①] 在《种族和种族主义历史》一书中,人类学家、历史学家和社会学家考虑了安第斯和中美洲原住民从早期殖民时代到现在的经历和表现。美洲90%的原住民人口生活在安第斯山脉和玻利维亚、厄瓜多尔、墨西哥、秘鲁和危地马拉等国家。最近,这些国家原住民的社会运动加剧了关于种族主义的辩论,并提请注意当今的歧视与几个世纪以来的殖民主义和暴力之间的联系。论文集的作者们比较了玻利维亚、厄瓜多尔、危地马拉、墨西哥和秘鲁的种族和种族主义及其与阶级、性别、国籍和地区主义的相互作用,涉及的问题包括劳动、教育、人口普查、文化拨款和绩效、混血儿、社会动员和反种族主义立法。[②] 国内学者王建华在其博士学位论文中讨论了美国的民族问题。作者认为,美国是一个遵循欧洲民族国家原则,以英属北美殖民地的盎格鲁-撒克逊族裔为基础,经民族自决而建立起来的民族国家,其民族本质上是一个组合性的民族。英国殖民者在北美殖民地一方面复制英格兰的政治理念和社会关系,另一方面又凸显出与宗主国的多方面相异,最终的利益冲突导致民族分离,独立战争后美国建立。独立后的美国,按照欧洲的民族原则再造一个国家民族,遵循一条以英语为主要交际语言、以盎格鲁-新教价值观为导向的同化道

---

① *Racism in America: A Reader* (Cambridge: Harvard University Press, 2020).

② Laura Gotkowitz, *Histories of Race and Racism: the Andes and Mesoamerica from Colonial Times to the Present* (Durham: Duke University Press, 2011).

路。[1] 国内学者程光德的博士学位论文从南非共产党的历史、理论、实践三个维度，研究了种族主义制度废除后的南非共产党对社会主义的新探索。作者梳理了南非共产党90多年的发展历史，总结了南非共产党的社会主义的理论与实践，并认为，只有不断提高党的自身建设水平和对社会的影响力，在新的实践探索中不断修正和完善党的纲领和策略，不断深化对民族民主革命与社会主义革命相互关系的理解和认识，南非共产党才能更加成熟，并继续孕育和积累走向社会主义的力量。[2] 无独有偶，张丹在其硕士学位论文中认为，进入后种族隔离时代的南非，虽然社会中种族问题看似有所改善，但实际上"白"与"黑"的分立意识仍然占据着主导地位。作者用马克思主义的阶级分析方法深入分析了南非后种族隔离时代的种族和阶级问题，认为新南非的种族矛盾与阶级矛盾始终交织在一起，并愈发复杂化，成为实现不同种族之间和谐共处的阻碍和难题。[3]

第七，种族资本主义研究。"种族资本主义"研究则是一个在近十年左右才出现的相对新颖的论题。梅拉米德(Jodi Melamed)在《代表与毁灭：在新种族资本主义中使暴力合理化》一著中，讨论了"二战"后世界种族秩序的变化，即从白人至上的现代性，过渡到形式上的反种族主义的自由资本主义现代性。在这种现代性中，

① 王建华：《马克思主义视阈下的美国民族理论与政策评析》，博士学位论文，中央民族大学中国民族理论与民族政策研究院，2011。

② 程光德：《种族主义制度废除后南非共产党对社会主义的新探索》，博士学位论文，华中师范大学政治学研究院，2012。

③ 张丹：《马克思主义视域下南非后种族隔离时代的种族主义和阶级斗争》，硕士学位论文，浙江师范大学马克思主义学院，2020。

种族暴力通过对差异代表的监管而发挥作用。为此，作者重点研究了美国官方的反种族主义，发现这是促使美国在全球占据优势地位的关键。此外，她还展现了种族自由主义、自由多元文化主义和新自由多元文化主义是如何让种族主义看起来正在消失的。最后，梅拉米德试图恢复一种反资本主义的种族激进主义传统，从而可能为战后美国官方的反种族主义提供一种唯物主义反对，希望人们去追求比美国的多元文化主义更好的东西。①

巴特查里亚（Gargi Bhattacharyya）总结了"种族资本主义"研究的十大论点，其中包括：种族资本主义是一种理解种族主义在促进资本主义发展的关键时刻所起作用的方式，这不是将资本主义理解为种族主义的阴谋，或将种族主义理解为资本主义的阴谋，因为种族资本主义并不是计划中的结果，而是资本主义天生固有的基因；种族资本主义包括影响我们时代经济生活的种族剥夺的历史，同时当下还有一些新的、不可预测的剥夺方式有待理解，只要种族资本主义的逻辑依然存在，那么资本主义就不可能允许我们所有人都平等或都得到重视；种族资本主义是一种理解为什么我们看起来如此分裂，但仍然彼此紧密联系在一起的方式；等等。②

新近出版的《种族资本主义的诸历史》集结了这一主题研究的最新成果。集内文章的一个共享的重要线索是，追溯白人至上主义在剥夺、榨取、积累和剥削过程中的历史作用，而这些过程是当

① Jodi Melamed, *Represent and Destroy*: *Rationalizing Violence in the New Racial Capitalism* (Minneapolis: University of Minnesota Press, 2011).

② Gargi Bhattacharyya, *Rethinking Racial Capitalism*: *Questions of Reproduction and Survival* (London: Rowman & Littlefield, 2018).

今资本主义的核心。种族资本主义不是资本主义的一种。在资本主义历史上，它并不与所谓“商业的”“工业的”或“金融的”资本主义处于一个序列。相反，从大西洋奴隶贸易和美洲殖民开始，所有的资本主义，在物质利益和意识形态的一致性方面，都是种族资本主义的组成部分。承认资本主义是种族的，可以扩展我们对资本主义的认识。种族资本主义也要求我们认识到，表面上种族中立的资本主义原型实际上是完全种族化的。①

二、殖民主义、反殖民主义与后殖民研究

美国学者伦姆巴（Ania Loomba）在《殖民主义/后殖民主义》中全面且精要地探索了与殖民研究和后殖民研究相关的历史维度和理论概念，考察了殖民主义的意识形态和历史的关键特征、殖民话语与文学作品的关系、对殖民主义的挑战，以及当代理论家作品中后殖民理论和历史的最新发展。此外，伦姆巴还研究了性别和殖民主义的历史问题，当代女权主义与后殖民主义思想的交集，等等。随后在 2005 年的第二版中，作者加入了关于后殖民研究与全球化和新帝国形式关系的讨论。②

后殖民理论已经成为理解全球南方的一个框架，具有巨大的影响力。它也是一种流行的思想流派，拒绝了所谓普遍化的启蒙范畴。在这场对激进启蒙传统的决定性批判中，切伯尔（Vivek

① Destin Jenkins and Justin Leroy (eds.), *Histories of Racial Capitalism* (New York: Columbia University Press, 2021).

② Ania Loomba, *Colonialism/Postcolonialism* (London and New York: Routledge, 2005).

Chibber)在《后殖民理论与资本的幽灵》中对后殖民理论作出非常全面的回应。他着眼于“底层研究”,指出其基本论点是基于一系列分析和历史上的误解。他最终的结论是,在不屈服于欧洲中心主义或还原主义的情况下,肯定一个普遍性理论是可能的。①

印度学者所罗伯·杜布(Saurabh Dube)和班纳吉-杜布(Ishita Banerjee-Dube)主编的《未生成的现代:殖民主义、现代性与各种殖民现代性》,汇集了数位来自印度和拉美的著名学者,共同讨论现代性和殖民主义概念及其相互关系。这些作者分别探讨了印度、墨西哥、中国、美国的殖民历史对这些国家现代化进程的重要影响,文集内容主要集中在“权力的殖民性(coloniality of power)”与“知识的去殖民性(decoloniality of knowledge)”的分立框架,突出诸种殖民现代性的具体特征及其与资本主义现代性的对立。②

在国内译著方面,目前已经出版的相关著作早年有萨义德的《东方学》③,罗钢和刘向愚主编的《后殖民主义文化理论》。后殖民主义文化理论是当今北美和欧洲方兴未艾的文化学术思潮,它基于欧洲殖民主义的历史事实以及这一事实所造成的种种后果而发展为一套理论话语。这套话语具有明确的政治取向性,同时又调和并利用了60年代以来的各种理论模型。该书精选了后殖民理论中最具影响和代表性的论文,包括:萨义德著名的东方主义讨论,霍米·芭芭、斯皮瓦克等人的后结构主义理论,法农的文化抵

① Vivek Chibber, *Postcolonial Theory and the Specter of Capital* (London: Verso, 2013).

② Saurabh Dube and Ishita Banerjee-Dube (eds.), *Unbecoming Modern: Colonialism, Modernity, Colonial Modernities* (London and New York: Routledge, 2019).

③ 萨义德:《东方学》,王宇根译,生活·读书·新知三联书店,1999。

抗及后殖民与女性主义、后现代主义,等等。[①] 晚近以来有穆尔-吉尔伯特的《后殖民理论——语境　实践　政治》[②],罗伯特·扬的《后殖民主义与世界格局》[③],以及北京大学出版社于2014年启动的“后殖民理论经典译丛”项目,计划将后殖民理论领域的经典著作系统翻译过来。目前,罗伯特·扬的《白色神话》[④]、阿希克洛夫特等人的《逆写帝国》[⑤]及阿吉兹·阿罕默德的《在理论内部:阶级、民族与文学》[⑥]已经面世,丛书还将陆续推出重要后殖民理论批评家的系列译著,包括法农、萨义德、斯皮瓦克等人的著作。遗憾的是,相应的著作至今仍未付梓。

后殖民研究对马克思和马克思主义的批判是国内马克思主义学者需要回应的问题。学者叶险明教授考察了“后殖民主义”语境中的“西方中心主义”批判。作者认为,这一批判有两个主要局限:一是把“西方中心主义”的传播和流行仅仅视为“宗主国”强力推行制造出来的话语的结果,而忽略了西方国家的“西方中心主义”与非西方国家的“西方中心主义”的互补关系及其现实历史原因;二是以特殊、独特、差异来拒斥普遍、本质和统一。这两个主要局限不仅在方法论上阻碍了我们对“西方中心主义”的科学批判,阻碍

---

① 罗钢、刘向愚:《后殖民主义文化理论》,中国社会科学出版社,1999。

② 巴特·穆尔-吉尔伯特:《后殖民理论——语境　实践　政治》,陈仲丹译,南京大学出版社,2007。

③ 罗伯特·扬:《后殖民主义与世界格局》,容新芳译,译林出版社,2013。

④ 罗伯特·扬:《白色神话:书写历史与西方》,赵稀方译,北京大学出版社,2014。

⑤ 比尔·阿希克洛夫特、格瑞斯·格里菲斯、海伦·蒂芬:《逆写帝国:后殖民文学的理论与实践》,任一鸣译,北京大学出版社,2014。

⑥ 阿吉兹·阿罕默德:《在理论内部:阶级、民族与文学》,易晖译,吕黎校,北京大学出版社,2014。

了当代中国哲学社会科学的创新性发展和学术话语体系的构建,而且也阻碍了我们正确认识包括当代中国社会发展在内的一系列重大现实问题。①

在反殖民主义方面,自然少不了几位知名的理论家和革命者。如杜波依斯的《美国的黑人重建》虽然在 1935 年出版时基本上被历史学界忽略了,但这不影响它成为史学的里程碑之作。作者揭露了当时史学界在解释美国重建时所隐含的种族主义意识,并提出了不少激进的论点,如奴隶制是内战的根本原因、黑人是历史变革的积极贡献者、争取黑人劳工控制权的斗争是那个时代的政治中心、重建时期是一个充满希望和取得无数成就的时代。在理解美国内战和重建时期时,指出必须审视整个国家,而不仅仅是南方,审视所有的阶级(从北方的实业家和工人到南方的自由人、种植园主和贫穷的白人),重建运动的失败是美国乃至世界性的民主理想的失败。②

弗朗茨·法农关于殖民创伤的开创性著作《大地上的不幸者》使他成为 20 世纪反殖民主义思想家的领军人物。该书写于阿尔及利亚脱离法国殖民统治争取独立的战争最激烈时期,于 1961 年首次出版,它分析了阶级、种族、民族文化和暴力在争取自由斗争中的作用,殖民地的去殖民化必须与本土民族的文化结合起来。此外,法农本人还是一名心理治疗师,他清楚地说明了帝国主义造

① 叶险明:《对"后殖民主义"语境中"西方中心主义"批判的批判》,《中共中央党校学报》2018 年第 4 期。

② W. E. B. Du Bois, *Black Reconstruction in America* (Cleveland and New York: The World Publishing Company, 1964).

成的第三世界人民的心理退化。这本充满激情的关于西方世界和第三世界关系的分析著作,对于我们看待今天的世界仍然具有启发意义。①

C. L. R. 詹姆斯(Cyril Lionel Robert James)的《黑人雅各宾》是对 1794—1803 年海地革命的经典且充满激情的叙述。这场革命始于法国的攻占巴士底狱起义之后,后来成为从非洲到古巴的第三世界解放运动的典范。革命者杜桑·卢维杜尔(Toussaint L'Ouverture)领导法国殖民地圣多明各的黑人战胜了法国、西班牙和英国军队的连续入侵,并在此过程中帮助圣多明各建立了加勒比地区第一个独立国家。②

恩克鲁玛(Kwame Nkrumah)的《新殖民主义是帝国主义的最后阶段》是对后殖民状态的经典陈述,从标题即可看出作者对列宁《帝国主义是资本主义的最高阶段》的模仿。恩克鲁玛认为,非洲、加勒比和第三世界民族国家在获得独立后发现,他们已经获得了政府或国家权力,但仍不能控制本国的政治经济,因为他们受到了跨国公司的外部主导。许多非裔美国人用这个分析来表明,即使黑人赢得选举,他们也不是真正的统治者,这正是作者所论证的新殖民主义状态。③

---

① Frantz Fanon, *The Wretched of the Earth* (New York: Grove Press, 2004).

② C. L. R. James, *The Black Jacobins: Toussaint L'Ouverture and the San Domingo Revolution* (New York: Vintage Books, 1989).

③ Kwame Nkrumah, *Neo-Colonialism: the Last Stage of Imperialism* (New York: International Publishers, 1965).

三、原始积累问题研究

原始积累在学界虽然是一个老问题,但是也引起了新讨论。尤其自21世纪以来,随着资本对公共设施、社会福利等公共财产进行剥夺现象的愈发凸显,西方学界对马克思的"原始积累"概念产生了新的兴趣,具体涉及的论题有:原始积累是一个历史过程还是资本主义的一个持续性过程,原始积累与资本主义积累的区别,原始积累与资本"外部"的关系等。诸如此类的新思考有一定的启发意义,但也存在理论缺陷,如:普遍丢弃了马克思原始积累概念中的阶级视角,破坏了马克思从经济学维度分析和批判资本主义的努力,并且导向一种资本主义自动崩溃论,无益于无产阶级历史使命的实现,等等。① 国内学者梅沙白总结,关于原始积累问题的当代争论主要涉及三个核心问题:其一是上文所述原始积累的历史性与持续性问题,其二是如何运用原始积累概念分析新一轮的全球土地掠夺活动,其三是国家在原始积累中扮演了怎样的角色。虽然问题是多元的,但是所有这些核心问题的指向基本一致,即揭示资本主义在诞生和发展过程中普遍存在的暴力和强制,并运用马克思的原始积累概念激活对新自由主义的批判。②

资本原始积累直接关系到资本主义的起源,这是马克思在《资

① 苗瑞:《21世纪西方学者关于原始积累持续性问题及其衍生问题的研究述评》,《华北电力大学学报(社会科学版)》2022年第2期。

② 梅沙白:《〈资本论〉中的原始积累问题:西方学界的研究及当代争论》,《国外理论动态》2021年第2期。

本论》等重要文献中谈及的问题。国内学者王亚杰、刘怀玉认为，马克思对资本主义起源问题的研究是深化历史唯物主义的重要路径。从《德意志意识形态》到《政治经济学批判大纲》再到《资本论》第一卷，马克思在对资本主义社会诞生问题的持续追问中逐渐实现对历史唯物主义之自身局限性的突破。具体体现为，马克思将资本主义社会确认为以资本为主导的不平衡、充满异质与张力的矛盾总体，揭穿了由资本统治的现代社会总体性历史过程的起源性与有限性。当代重返这一重要的主题，既需要驳斥历史哲学所主张的存在普遍适用于世界各国历史发展的理论，又需要批判全球化资本主义背景下后现代主义对宏大历史观叙事逻辑的否定，最终彰显历史唯物主义在当代的生命力与解释力。①

四、马克思主义研究进路以及与其他进路的对话

这部分研究是精彩且充满争议的，可分为如下几方面。

第一，对种族与阶级关系的考察。考克斯(Oliver C. Cox)在《种姓、阶级和种族》一著中认为，种族问题是资本主义发展的直接后果，种族关系是阶级剥削的一种具体形式，种族歧视和压迫只有在资本主义社会彻底变革之后才能得到解决。② 米尔斯在《从阶级到种族》一著中展现其本人的思想历程，它预示着批判的种族理论

① 王亚杰、刘怀玉：《马克思的资本主义起源研究及其当代价值》，《河北学刊》2020年第2期。

② Oliver C. Cox, *Caste, Class and Race: A Study in Social Dynamic* (New York: Monthly Review, 1948).

与马克思主义理论的有机结合，即并不是通过否认后者来成全前者，而是在马克思主义并未给予足够关注的领域，建立起一套针对资本主义的批判话语，而这套话语的中心词是“种族”。①

近期成果则需要看到“白人研究”的开创者、美国历史学者罗蒂格尔（David R. Roediger）对种族和阶级关系的考察。罗蒂格尔被视为对白人进行批判性研究的关键人物，他毁誉参半，不少批评者认为，他为了研究身份问题而抛弃了马克思主义。罗蒂格尔在《阶级、种族和马克思主义》一著中回应了这一批评，书中包括了他对种族、殖民和奴隶制的历史研究，对种族主义和劳动管理的研究，对马克思主义关于白人性的批判性研究的起源考察，对人类团结历史的反思，等等。在罗蒂格尔看来，种族的分裂不仅是资本主义历史的一部分，也是资本逻辑的一部分。②

博雷尔（Ashley J. Bohrer）在《马克思主义与交叉性》一著中，从女性主义马克思主义的视角讨论当代资本主义下的种族、性别与阶级问题。在这个充斥着多重压迫且压迫日益恶化的世界里，理解和应对社会支配和社会不公的挑战，比以往任何时候都更加严峻。“交叉性”研究是国外女性主义研究的重要范式，也是分析社会中性别现象的重要方法。这种交叉性有助于我们理解歧视和压迫发生和运作的机制，即性别、种族、阶级、性态等维度是如何共同发生作用的。作者认为，只有在资本主义和帝国主义的结构中考虑所有这些维度，我们才能理解当下的权力关系。许多所谓马

① Charles W. Mills, *From Class to Race: Essays in White Marxism and Black Radicalism* (Lanham: Rowman & Littlefield Publishers, 2003).

② David R. Roediger, *Class, Race and Marxism* (London: Verso, 2017).

克思主义和交叉性之间的不兼容,更多来自误解,而不是基本的概念对立。作为第一部专门讨论这个问题的专著,它提供了反对统治、剥削、压迫等多重体系的理论参照。①

在新近出版的《斯图尔特·霍尔论种族与差异选集》里,吉尔罗伊(Paul Gilroy)和吉尔莫(Ruth W. Gilmore)编辑收录了英国马克思主义者霍尔的二十多篇文章,这些文章强调了他在种族、代表、身份、差异、话语等方面的广泛而又具有开创性的研究,不仅包括一些理论随笔(如《他们眼中的白人》《种族,漂浮的能指:关于"种族"还有什么可说的?》等),而且包括一些公开演讲、政论文章和在期刊和报纸上流传的通俗文章,展示了霍尔对种族公共话语所作贡献的广度和深度。这本文集突出了对种族和差异的分析应该是具体的,而不仅仅是描述性的。②

第二,对资本主义起源的马克思主义探索。艾里克·威廉斯(Eric Williams)在《资本主义与奴隶制度》一著中,从历史的角度来看待早期资本主义,主要以英国为例,考察英国的资本主义与17、18世纪的黑人奴隶贸易、黑人奴隶制度和一般殖民贸易之间的关系。③ 罗宾·布莱克本(Robin Blackburn)的《新大陆奴隶制的形成》是在20世纪末出版的经典之作。当欧洲列强殖民美洲的时候,奴隶制几乎已经从欧洲消失了。然而,在克服了如此一个压迫性制度之后,他们为什么要在美洲新大陆支持建立种族奴隶制?

---

① Ashley J. Bohrer, *Marxism and Intersectionality: Race, Gender, Class and Sexuality under Contemporary Capitalism* (Columbia University Press, 2020).

② Paul Gilroy and Ruth W. Gilmore (eds.), *Stuart Hall: Selected Writings on Race and Difference* (Durham: Duke University Press, 2021).

③ Eric Williams, *Capitalism and Slavery* (The University of North Carolina Press, 1944).

布莱克本首先追溯了欧洲从中世纪到现代早期的种族和奴隶制学说,并发现,从早期道德经济中释放出来的新消费文化,无情地扭曲了对种族和宗教他者的污名化。美洲的种植园奴隶制产生于市民社会本身的冲动,而不仅仅局限于个别国家的战略。这一制度为工业革命和西方的崛起作出了决定性的贡献,并将整个西方都置于一条通往现代化的破坏性道路上。① 国内学者王彩虹的博士学位论文考察了英国新马克思主义者罗宾·布莱克本的新奴隶制思想。马克思恩格斯认为,与资本主义并存的奴隶制是一种资本主义社会形态在特定历史条件下的独特表现形式,它不只是一种经济制度,也是一种社会形态,是资本主义体系的一个重要组成部分。布莱克本继承了马恩关于奴隶制的核心思想,并通过吸收借鉴其他思想资源,展开了对以美洲奴隶制为代表的新奴隶制的深入研究。作者把新奴隶制看作资本主义时代下的一种新的形态呈现和制度模式,将它作为资本主义研究的事实基础和逻辑起点,揭示出资本主义在快速成长发展过程中的经济积累和发展手段,以及由此引发的资本主义的各种矛盾和危机,进而阐明它如何为未来社会主义铺平道路。② 印度历史学者桑亚尔(Kalyan Sanyal)在《重思资本主义的发展》一著里回顾了传统意义上的资本主义概念,并提出了后殖民语境下的资本主义发展理论。为了证实这一理论,作者详细讨论了原始积累、治理术和后殖民资本主义形式等

---

① Robin Blackburn, *The Making of New World Slavery: from the Baroque to the Modern, 1492–1800* (London: Verso, 1998).

② 王彩虹:《罗宾·布莱克本唯物史观的新奴隶制思想研究》,博士学位论文,山西大学马克思主义哲学研究所,2019。

概念。这一著作的亮点在于,从第三世界的角度分析关键问题,如:融入全球资本主义网络会给第三世界带来新的经济机会吗?这种资本主义网络会使第三世界国家成为掠夺性跨国公司的牺牲品吗?最终结果是作者建构了一种借鉴马克思和福柯的话语,来批判性思考全球化时代的后殖民资本主义的形成。①

第三,黑人激进传统与马克思主义的对话。美国非裔社会理论家塞德里克·罗宾逊(Cedric J. Robinson)的《黑人马克思主义》是考察黑人种族反抗资本主义的经典之作。作者首先认为,仅仅通过马克思主义理论的视角来理解黑人反抗史是不完整和不准确的。马克思主义分析倾向于以欧洲的历史和经验模式为前提,这种模式低估了黑人群体作为变革和抵抗力量的重要性。罗宾逊认为,黑人激进主义必须与非洲传统和美洲大陆黑人的独特经历联系起来。作者为此追溯了马克思主义意识形态在欧洲的出现以及黑人在压迫中的反抗历史,最后考察了这两种传统对诸如杜波依斯、C. L. R. 詹姆斯和理查德·赖特等20世纪黑人激进思想家的影响。②

第四,马克思主义与后殖民主义的对话。由巴托洛维奇(Crystal Bartolovich)和拉扎勒斯(Neil Lazarus)主编的《马克思主义、现代性与后殖民研究》系统思考了马克思主义与后殖民理论的关系。论文集里的作者们在马克思主义与后殖民理论之间寻找共

① Kalyan Sanyal, *Rethinking Capitalist Development: Primitive Accumulation, Governmentality and Post-colonial Capitalism* (London: Routledge, 2007).

② Cedric J. Robinson, *Black Marxism: the Making of the Black Radical Tradition* (Chapel Hill: The University of North Carolina Press, 2000).

同点。事实上,马克思主义者和后殖民理论家之间几乎没有直接的、严肃的对话。后殖民主义研究对马克思主义的忽视甚至无视,常常遭到马克思主义作家对整个后殖民研究的反向排斥。在这场旷日持久的争论中,双方都出现了大量过于简单化、讽刺化和琐细化的内容,对后殖民研究而言,马克思主义是欧洲中心主义的,与资本主义现代性叙事串通,其在文本处理上太过简单和集权;而对马克思主义而言,后殖民研究是帝国主义的同谋,它用全球化来伪装和掩饰自身的学术冒进,并且,其在文本处理上是非物质、非历史的。这部论文集作出了有机地整合两种进路的努力,并呼吁马克思主义理论家应该在共同关注的领域汲取后殖民研究中的真知灼见,后殖民理论家也应该在保留对地方性差异的认知的基础上,丰富对全球政治经济的批判性分析。①

第五,马克思主义与批判的种族理论的对话。研究种族和种族主义问题的批判理论蓬勃发展,这项工作的大部分内容都存在如下的划分,即受马克思主义对种族和种族主义研究方法启发的理论,以及受后殖民主义和批判的种族理论所启发的理论。巴坎(Abigail B. Bakan)和杜瓦(Enakshi Dua)主编的《反种族主义的理论化》试着将这两种知识传统结合起来。集内的作者们考察了一系列主题,从对马克思和福柯作品中反种族主义的重新思考,到对种族、阶级和国家之间关系的考察,这些关系整合了马克思主义和批判的种族理论。应当说,这部论文集借鉴了马克思主义和后殖民主义以及批判的种族理论中最具建设性的元素,对反种族主义

① Crystal Bartolovich and Neil Lazarus (eds.), *Marxism, Modernity, and Postcolonial Studies* (Cambridge: Cambridge University Press, 2004).

理论的发展作出了重要贡献。反种族主义是一项能够有效挑战和克服种族主义的有理论基础的社会政治实践,其推进的关键是解释种族和种族主义产生的复杂过程。这项富有挑战性的任务需要构建一个相对系统化的理论框架,来应对种族主义的社会结构。马克思主义和批判的种族理论、后殖民主义都是促成这一项目的关键资源,马克思主义洞察资本主义、国家、意识形态、压迫,批判的种族理论和后殖民主义洞察东方主义、殖民主义、民族主义和白人性的种族主义遗产。作者们的共同目的在于缓和这些进路之间的张力,从而有效地推进马克思主义和反种族主义的学术发展。①

第六,国内学者基于马克思主义视角的研究。如刘仁营和裘白莲从历史观的比较视角出发,比较了马克思主义的“种族”主义与社会达尔文主义。作者认为,尽管马克思的“种族”主义吸取了达尔文主义的一些思想,但二者的关键区别在于,马克思主义的本质和根本价值追求在于寻求从“动物王国”走向“自由王国”的一种科学探索。② 叶险明教授考察了马克思超越“西方中心论”的历史和逻辑。作者认为,自 19 世纪 70 年代以来,马克思通过对“西方中心论”的科学批判,以及对世界历史研究和资本主义批判的不断深入和拓展,彻底摆脱“东方社会停滞”等“西方中心论”词语表述影响,并且把他对资本主义的一般、特殊及其相互关系的认识由西欧推向世界,最终完成了对思维方式和话语系统意义上的“西方中

---

① Abigail B. Bakan and Enakshi Dua(eds.), *Theorizing Anti-racism*: *Linkages in Marxism and Critical Race Theories* (Toronto: University of Toronto Press, 2014).

② 刘仁营、裘白莲:《马克思的“种族”主义与社会达尔文主义——一种历史观视角的比较反思》,《南京师大学报(社会科学版)》2010 年第 2 期。

心论”的科学批判;并以此为根据,为俄国指出了一条与资本主义息息相关,但又不同于西方社会发展模式的可能性发展路径,从而进一步发展和完善了科学的社会形态理论,丰富了政治经济学批判的历史底蕴。① 左宏愿重点考察了西方马克思主义的种族和族群研究,他归纳了两种研究路径:其一关注族群的政治经济不平等,主要对族群、阶级关系及族群不平等进行政治经济学分析;其二则关注种族、族群意识形态的社会再生产,致力于分析种族意识形态形成的结构性原因,并突出资本主义国家在这一过程中的核心作用。② 邹诗鹏认为,马克思形成了一套基于西欧尤其是英国资本主义的分析框架,但这一框架本身就要求纳入唯物史观及其历史地超越西方资本主义的世界历史视野,因此把马克思指责为欧洲中心主义者是错误的。马克思对德国观念论、市民社会及其资产阶级社会、古典自由主义等传统的批判,蕴含着对欧洲中心主义的两大传统模式(莱茵-日耳曼模式与盎格鲁-撒克逊传统),对近代以来支撑或解释欧洲中心主义的法兰西激进传统、犹太教传统的多重批判。马克思中期以后从西欧拓展到更为宽广的世界历史视野,对前资本主义的定位和对东方社会的批判,正是其批判和超越欧洲中心主义的必然结果。③ 郑祥福和张丹以马克思主义阶级分析方法,批评了资产阶级学者对种族主义的分析。文章以南非种族隔离与阶级斗争为例,分析了种族主义的起源、种族主义与资

① 叶险明:《马克思超越“西方中心论”的历史和逻辑》,《中国社会科学》2014 年第 1 期。

② 左宏愿:《种族、族群与阶级:西方马克思主义种族和族群研究的路径及其启示》,《民族研究》2017 年第 3 期。

③ 邹诗鹏:《马克思对欧洲中心主义的批判》,《哲学研究》2018 年第 9 期。

本主义阶级压迫的关系等,其结论是,只有依靠无产阶级和社会主义革命才能最终解决当代世界的种族主义问题。①

五、对既有研究的评析与本书的结构

在归纳总结如上国内外的主要成果和研究现状之后,我们不难从如下几方面看到进一步研究的可能:

第一,国外学界的研究很繁杂,国内对这些成果的译介和引介还不够,不仅包括一些批判的种族理论家、后殖民理论家,还包括一些黑人马克思主义者、黑人激进理论家的作品和思想。在一定程度上,这些作品和思想相对于主流的国外马克思主义和国外左翼理论而言,处于一种边缘的状态。但是我们可以从一系列事件中发现,这股种族化的力量具有强大的反抗能力,但是并没有足够的理论武器使其系统化和科学化。尤其是在现实斗争的推动下,往往流于形式上的反抗,而最终在既有的体系内暂时平息怒火。我们既需要考察这些成果和思想所形成的历史基础和结构基础,其中包括梳理发展脉络、指出内在缺憾、思考克服路径、把握未来走向等等,又需要基于马克思主义的立场,最大限度地整合资源,在人类解放的最终目的之下,推进反资本主义的理论化,有助于让我们更冷静和科学地观察这个日益复杂化的世界。

第二,后殖民研究、批判的种族理论对种族、种族主义和反种族主义的讨论,以及它们与马克思主义进路之间的争论,还没有形

① 郑祥福、张丹:《种族和阶级:马克思主义、种族主义和阶级斗争》,《国外理论动态》2019 年第 6 期。

成进一步的实质性对话。就我们的梳理来看,它们相互之间的抵触心理很强烈,但还是有可能从共同的论题入手,以寻求最大的共识。因为不论是基于何种立场的批判,其共同点都在于对资本主义社会的批判,所以有必要寻求这些理论资源之间的有机整合,从而既可以丰富多重维度的资本主义批判,也能为团结反抗资本主义的主体贡献力量。

第三,国内对围绕种族、殖民和资本积累等主题的资本主义批判的关注还不多,虽然一些期刊论文或博、硕士学位论文对这一领域有所关注,但是尚没有专著类型的成果,因而整体上呈现出较为零散的状态。不仅在对国外相关成果的研究方面,而且在如何从马克思主义理论进路出发回应这一论题方面,也还存在很大的发展空间。资本主义批判是一个历史命题,更是一个现实命题,只要实际的资本主义全球化步伐没有停止,那么种族、殖民和资本积累等因素就仍然在起作用。

本书主要由导论和四章内容组成:

导论部分对研究缘起、意义、国内外研究现状评述和结构概要作说明。

第一章的主题是资本主义与种族主义。第一节考察国外思潮流派如何从种族视角切入资本主义批判,以及这种批判方式所引发的效应、限度和进一步推进的可能。第二节考察种族资本主义批判的论域与意义。种族资本主义批判是对资本主义运作的种族化理解及其批判。随着资本主义危机的不断变化以及种族化剥夺形式的不断暴露,资本主义的种族特征成为一些批评者关注的对象。种族资本主义人为地塑造了边缘空间,并把一些人群驱逐出资本主义体系,使其成为边缘人口。剥削机制与剥夺机制的共同作用构成了种族资本主义的结构性基础。种族资本主义批判丰富了我们观察资本主义的视角,与马克思主义对资本主义的批判,尤其与关于压迫的论述可以相互映照。第三节考察批判的种族理论的论域与意义。批判的种族理论既可归属于批判理论的一脉,又可归属于种族理论一脉。作为两条脉络的有机结合,它承袭了双方的优势,也在一定程度上规避了各自的弱点。批判的种族理论主要涉及如下几大主题:物质决定论、修正史学阐释、自由主义批判、结构决定论、交叉性、反本质主义等。批判的白人研究是批判的种族理论的研究分支和特色,它把白人作为一个群体来研究,讨论白人特权是否存在,以及它的基础和结构如何。

第二章的主题是资本主义与黑人问题。第一节考察黑人激进传统与黑人身份政治。黑人激进传统的形成有其特殊的时代背景。黑人知识分子普遍经历了马克思主义的学徒期,在理论上延续了对资本主义社会现实的批判,并在长期抗争中建构基于黑人种族身份的主体性。黑人激进传统对资本主义社会的关注深受种族思维极端化的影响,黑人群体通过种族话语的接合实践来创造并维持身份认同,这一过程是复杂、多元且碎片化的社会斗争形式的时代状况缩影。黑人激进传统则不得不面对种族与阶级之间合作与平衡的实践难题。第二节考察白人至上与种族正义问题。在当下主流政治哲学的规范性框架里,种族正义的激进性更加关注既定的社会事实,即既定社会是不正义的。虽然“白人至上”如今被视为一些极端团体的信仰,但它本质上指向一种建立在白人种族统治基础上的全球性社会体系。种族不正义的突出表现是种族不平等,从经济上看,这种不平等体现在有色人种的财富向白人转移,从政治上看,对白人与非白人的双标恰恰是白人至上系统的法理规则本身。种族问题并非只在意识形态领域呈现,它根植于物质结构、社会政治制度和日常社会实践中。第三节考察马克思主义视域下的美国种族主义和黑奴制。如今在美国乃至世界范围内出现的种族主义乱象,使得种族、肤色等历史遗留问题成为学界讨论的热点。马克思分析了美国内战的奴隶制基础,揭示了南北斗争的实质是作为经济制度的奴隶制与自由劳动制的斗争。第一国际向美国方面表明了工人阶级强烈反抗奴隶制,并把种族与阶级关系作为工人革命与人类解放的重要因素。

第三章的主题是资本主义与殖民主义。第一节是后殖民研究的前提批判。首先考察殖民主义、帝国主义与后殖民主义等概念的关联与差异,指出后殖民研究的前提在时间先后序列和空间差异等方面都存在难以处理的缺憾,而且后殖民研究容易陷入对殖民历史单一性理解的陷阱。全球化的发展为后殖民研究的未来带来不确定性,当"帝国"取代"帝国主义"成为当今世界新的主权形式,后殖民研究更需要深入历史,面对社会历史现实敞开更大的空间。第二节考察马克思对殖民主义的批判。迄今许多关于马克思与殖民问题的争论乃至夸大,基本围绕《纽约每日论坛报》的论殖民文本展开,但要真正理解马克思对殖民主义的批判,就需要将之放入整体思想的发展中。《纽约每日论坛报》的相关文本从英国殖民的形式、破坏和重建的双重使命、文明与野蛮的对照等方面批判考察了具体殖民状况。马克思的殖民主义批判立足于唯物史观及世界历史视野,对外殖民所实现的普遍交往不仅塑造了消灭民族特殊性的无产阶级,而且使共产主义行动有了经验上的可能。马克思战略性地将殖民地民族的解放视为被压迫民族解放事业的重要组成部分,然而无产阶级革命国际性与民族性的实际统一却充满复杂性。随着马克思之后愈发关注非西欧民族,他的社会进化论批判与殖民主义批判相互渗透。遭遇殖民的社会并非一定遵循资本主义既有的社会进化模式,而是必须回到当地现实来思考未来发展的可能。第三节考察市民社会与国族精神批判下的殖民主义问题。殖民主义是理解现代社会历史的关键议题。全球性的现代史在一定程度上是西方殖民主义的兴起与扩张史。黑格尔在其国家法哲学及世界史哲学体系里从市民社会与国族精神两方面论证了西方殖民主义的合法性。马克思则基于市民社会批判殖民主义,揭示了殖民主义为实现世界性的无产阶级革命奠定物质前提,形成无产阶级主体的历史意义。但是马克思在 nation 及 national spirit 方面留下的理论缺憾使得这一批判并不彻底,他的整体思考更多偏向于实践而非理论。现代社会的发展突显了国族精神的作用,如何理解与批判国族精神意义上的殖民主义是一个历史遗留问题,也是当代亟待回应的问题。

第四章的主题是资本主义与资本积累。第一节考察马克思如何讨论原始积累问题。马克思认为原始积累是资本主义生产方式的起点。通过比较《资本论》第一卷德文第二版和法文版的结构,我们发现马克思对原始积累的区域限定更加具体。马克思并没有将原始积累与资本积累混为一谈,而是把原始积累视为资本的内在历史。第二节考察资本积累的复杂性以及界定马克思主义的资本积累。马克思在《资本论》里没有遵循古典政治经济学的资本积累进路,而是将资本积累视为社会关系的再现及其规模的扩大。但是有限的生命力没能允许马克思继续深究资本积累问题,为后人留下了复杂性和不确定性。第三节考察资本积累的"抽离"机制。资本主义的繁荣以及在经历危机之后继续幸存,是其内在的"抽离"机制在起作用。资本主义积累的秘密在于"剥削",其历史前提是依靠"剥夺"而实现的资本原始积累,包括城市资本对农业生产的剥夺、全球资本和世界市场对奴隶和移民劳工的剥夺。资本积累从生成到存在之后并没有走向终结,而是在"驱离"机制的作用下,把过剩人口驱逐到资本主义生产之外的边缘空间。只关注抽离的某一种形式无法真正解放那些为抽离所宰制的人,只有建立跨越边界的联盟,通过废除产生剥削、剥夺和驱离共生关系的资本主义矩阵才能彻底根除这种"抽离"。

第一章　资本主义与种族主义

种族主义是资本主义的阴暗面,资本主义因种族主义而对少数群体实施压迫,对种族主义的反抗亦是对资本主义的反抗。由此而衍生出一批从种族主义视角出发批判资本主义的思想和理论,展现了与经济和政治批判不同的论域和主题。准确地说,这些批判可以划归到社会和文化批判的大类中。本章主要讨论资本主义批判的种族维度,在总体把握之后,具体讨论种族资本主义批判和批判的种族理论这两个具有代表性的流派。

第一节　资本主义批判的种族维度

资本主义批判是马克思主义以及左翼理论的重要命题,资本主义批判的种族维度在一些特定事件的激化下而凸显出来。与种族相关的反抗运动或许具有一定的偶然性,但本质仍是因资本主义发展历史上的固有矛盾所引发的问题。国外学界与资本主义批判的种族维度相关的研究由来已久,但总体上处于支离状态。虽然批评者都从种族切入,但是各个研究群体之间难称团结,不仅在左翼的谱系里各自为战,而且与马克思主义的关系也很复杂。一方面,其自身的实践感过于丰富,另一方面,在理论上又容易陷入偏执。因而其影响总是有限的,更多只是因事件而获得短暂关注。然而,在现实中这本身就是一股不容小觑的反抗力量,问题在于如何以理论引导它走向一个有效的方向。本节希望指出这一维度,并赋予它较为持续的理论生命力,下面将讨论这一主题的几个主要论域,并思考进一步展开相关研究的可能。

一、资本主义与种族主义的关系

首先看种族主义与资本主义的关系问题,这是讨论资本主义批判的种族维度的开始。无论这种批判属于何种流派和立场,它都需要在这一问题上有一个预设前提:要么是将种族主义与资本主义分开,即种族主义先于资本主义而存在,要么是将种族主义内置于资本主义之中,即资本主义的发展促成了种族主义,后者反过来又推动了资本主义的发展。

种族主义是一种对群体的系统性压迫,其基础是可以从外部特征观察到的所谓生物学特征。一般而言,种族主义是属于现代的,而且可以追溯到资本主义发展的一个特定阶段,即美洲殖民时期的种族奴隶制度阶段。新大陆的种植园奴隶制具有过渡性,既不再是明显的封建主义,也不是完全的资本主义。但种族主义与资本主义的先后关系在这里产生了争论点。如威廉斯(Eric Williams)的经典论断:"种族主义不是产生奴隶制的根源;相反,它却是实行奴隶制的产物。"①而伦姆巴(Ania Loomba)则认为种族主义先于资本主义:"早在对非洲人的实际奴役和殖民掠夺开始之前,种族主义的刻板印象就已经存在了,这些刻板印象痴迷于肤色和裸体。事实上,在一些殖民环境中,这些陈腔滥调为各种剥削提供了意识形态的理由。"②

对于这一问题,马克思主义的研究进路则做了整合工作,既看到了种族主义的意识形态根源,也看到了其经济根源。现代种族主义乃是一种新的生产体系(马克思称之为"资本原始积累"的种植园奴隶制)和一种新的意识形态(占有性个人主义[possessive individualism])之间碰撞的结果,它在17世纪晚期和18世纪的资产阶级革命中得到了巩固。

我们知道,古代社会的奴隶制并没有被种族化,现代早期欧洲的部分地区存在的奴隶制也没有被种族化。当美洲的种植园需要劳动力时,奴隶主们在系统奴役非洲人之前,会转向欧洲的劳工阶级,而且其肤色特征是多元的:"在美洲大陆的非自由劳动者中,有棕种人、白种人、黑种人和黄种人。"③从1619年起,大量非洲人被

① 艾里克·威廉斯:《资本主义与奴隶制度》,陆志宝、彭坤元、张晓华译,张文淳校,北京师范大学出版社,1982,第7页。

② Ania Loomba, "'Local manufacture made-in-India Othello fellows': Issues of race, hybridity and location in post-Colonial Shakespeares", in Ania Loomba and Martin Orkin (eds.), *Post-Colonial Shakespeares* (London and New York: Routledge, 1998), p.149.

③ 艾里克·威廉斯:《资本主义与奴隶制度》,陆志宝、彭坤元、张晓华译,张文淳校,北京师范大学出版社,1982,第7页。

绑架或购买,在不人道的条件下被运送,并被卖为奴隶。但是,这种情况下的“种族”与我们今天所理解的种族不同,第一批白人定居者是根据阶级、宗教和国籍的概念组织起来的,他们几乎还不了解种族和奴隶制的概念。

随后,殖民地的统治阶级面临着一场危机,因为大型种植园越来越需要大量、廉价、可控制的劳动力。首先,他们延长了契约佣工的奴役期限,然后他们寻找其他来源的征召劳动力。在欧洲新兴资本主义国家中,被压迫和被剥削的人们正在进行自己的斗争,他们争取并赢得了一些重要的保护措施。殖民统治阶级不得不面对来自底层的抵抗,不仅在殖民地,在欧洲也是如此。相比之下,非洲人从他们的祖国被分离出来,殖民统治者不需要关心他们在非洲的行动的影响。这在一定程度上解释了为什么非洲人成为奴隶劳工的来源。因为转向非洲奴隶,既避免了反复出现的劳动力短缺问题,又最终避免了日益增长的“自由劳动”的意识形态与大规模永久奴役的现实之间日益明显的矛盾。

但是另一方面,商业、农业和工业资本主义的发展打破了旧的封建制度和观念,改变了社会制度,并带来了个人、自然权利和公民权利的新概念。到17世纪晚期,资本主义的基本特征——自由雇佣劳动的兴起,这种劳动与土地和生产资料的分离,以及劳动和土地向商品的转变在英国得到了充分发展。这些新的社会关系带来了完全不同的价值体系:个人主义、绝对私有财产的增殖和财富的积累。其核心是“占有性个人主义”——个人之所以是自由的、之所以是人,是因为他们拥有对自己的个人所有权。

最重要的是,英国革命催生了一种新的人权概念,它在1776年美国革命、1789 年法国大革命,以及 1865 年的美国内战中得到了扩展。资产阶级掌权以后,个人自由这一革命性的新思想就出现了。资产阶级意识形态因此促进了人权,但也用“生而自由”的思想掩盖了实际的不平等。少数人拥有和占有土地和资源的理由是积累财富的“权利”和私有财产的神圣性。

这种个人的、私人的、自由的意识形态的出现与 17 世纪末奴隶制的加剧相吻合。统治阶级越来越多地将奴隶定义为“财产”,而不是定义为“人”,并将种植园主的财产权置于奴隶的个人权利之上。个人权利不可剥夺的观念与大规模奴役的现实之间存在着明显而棘手的矛盾。如果人有人身自由的权利,那么奴役就剥夺了人性。或者,相反,只有非人类才能被奴役。种族意识形态为剥夺奴隶的权利提供了理由:奴隶制度的捍卫者把黑人归为“次等人”,因此不配享受资产阶级的权利。因此发展了一种新的地位标准,它基于自然的差异、基于肉眼可见的外在特征。从这一刻起,肤色差异获得了种族主义的意义。“黑”与“白”被视为身份的绝对标志:白人即“自由”,黑人即“奴隶”。

现代奴隶制度的延续需要一种种族意识形态,它基于“白”和“黑”是绝对不同的观念。这开启了种族压迫和种族主义思想的历史,而且这些思想并没有因奴隶制结束而消失,它仍然是现代社会的核心。19 世纪的帝国主义扩张让种族主义更加深刻和复杂,20 世纪对移民劳工的剥削则进一步加剧了种族主义分化和变种。对此,海伦·斯科特(Helen Scott)总结道:“种族主义在其历史上有不同的表现形式,但它一直是资本主义社会的一个不变特征。"①因而,种族主义是资本主义内在历史的产物,是资本原始积累的产物,或者我们借用马克思所使用的术语来说,种族主义是资本"产生"过程的产物,并一直延续到资本"存在"阶段。②

二、殖民主义与现代性主体

对资本主义起源的关注绕不开殖民主义,后者无疑是资本主义发展史上的一记重笔。然而学术界的殖民主义研究却呈现出不小的地域性差异。至少在马克思主义领域里,欧洲的马克思主义理论家并不大关注马克思主义在殖民领域所走或走过的道路。

如今看来,马克思主义已经成为现代社会的两大重要运动——工人运动与反殖民运动的最重要的理论基础。但是我们在考察这些运动时,一般都会低估拉美马克思主义和亚洲马克思主义的创造力,同时也没有考虑非洲在马克思主义和现代性话语中的角色,而且非裔思想家恐怕很难支撑起任何有重大意义的马克思主义知识分子群体。这种情况也引出了我们对殖民主义与现代性问题的关注。这一问题一直是横亘在殖民地区发展道路上的障碍。而且对于资本主义批判的种族维度而言,这是需要从历史上清理的问题,因种族/种族主义而激化的资本主义社会的矛盾,其

① Helen Scott, "Was there a time before race? Capitalist modernity and the origins of racism", in Crystal Bartolovich and Neil Lazarus (eds.), *Marxism, Modernity, and Postcolonial Studies* (Cambridge: Cambridge University Press, 2004), p.174.

②《马克思恩格斯全集》第 30 卷,人民出版社,1995,第 451 页。

根源应追溯至殖民时期。我们不仅需要对西方殖民行径进行人道主义批判,还需要对约定俗成的现代性概念及其范围有不同程度的解释与扩展。

现代性所标志的“现在”是来自不同时间、不同历史和文化习俗的新事物和残余事物的交集,它可能产生“现代”的不同变形。这些变形所承诺的不是另一种现代性,而是同时代的现代性,或者说,是相对资本主义现代性而言的边缘现代性。在这些现代性中,全球资本及其需求提供了所有社会的共同参照。然而,每个社会又必然因具体的时间和地点而有所不同。就现代性本身而言,它由异质的历史和多元的过程所构成。

印度历史学者所罗伯·杜布(Saurabh Dube)总结了理解“现代性”的两个方面:“一方面,现代性的构成是理性与科学、工业与技术、商业与消费、民族国家与公民主体、公共领域与私人空间、宗教世俗化与知识启蒙等等的曲折过程”;“另一方面,在现代性的核心,还有帝国和殖民地、种族和种族灭绝、复兴的信仰和具体化的传统、规训制度和次等臣民、国家的诱惑和现代的魅力等过程”。[①] 杜布在其近作《现代性的诸主体》中详细探讨了这两方面的巨大张力,并且在侧重后一方面的基础上提出,现代性的诸主体不同程度地表现了现代性的进程,他们是参与现代性进程的历史当事者。subject 一词的两种含义有助于我们理解杜布的判断。如果说,在上述第一方面,他们既是主导现代性进程的“主体”,那么

① Saurabh Dube, “Coloniality, modernity, decoloniality”, in Saurabh Dube and Ishita Banerjee-Dube(eds.), *Unbecoming Modern*: *Colonialism*, *Modernity*, *Colonial Modernities* (London and New York: Routledge, 2019), p.xiii.

在第二方面,他们就是参与现代性进程的“臣民”,包括那些在东南亚经历了殖民和后殖民的人民、殖民统治下的美洲原住民、非洲大陆及散居世界各地的黑人及其后裔,以及非西方和西方世界里的底层人、边缘人,等等。两类现代性主体之间的张力在于异质但共时的时间性和重叠但竞争的空间性。从空间上看,现代性概念一般是以欧美人的现代主体形象来设想的。但是在这一设想中,现代主体与现代性主体二者并不充分结合,后者有效地拓宽了现代性及其参与者的论述范围。从时间上看,所有生活在现代的人不可能都被视为现代的主体,因为现代性主体的概念意味着存在不同的现代生存方式,它强调西方主体之外还存在着其他现代的主体,同时也体现出它们之间的异质性和同时代性。

不难理解,殖民世界对经济基础的改造和对上层建筑的创新是不平衡的,同时也是未完成的。他们大多没有复制欧洲动荡的现代性,尽管这些都充斥着加速资本主义转型的效应。而且,殖民地的革命知识分子的话语同时表达了一种对传统的热爱和一种向现代的推进,但并非通过殖民主义的干预而融入现代,而是将殖民现代性的经验概括为生存困境、政治问题和解放承诺。可见,殖民现代性的未来叙事并不注定要重申资本主义的抱负。我们应该把“现代性”视为一个未完成的规划,在这个规划中,现代性的表现不局限于资本主义形式,但是现代性的推进只有通过超越资本主义的方式才得以可能。反殖民的解放运动呼吁不断地、有弹性地革新本土传统,并设想对既定社会秩序的替代方案。但我们在对这些运动表示尊敬和同情的同时,还应该看到其中隐藏着难以修复的硬伤,即对“西方”或“欧洲”的概念崇拜。

三、后殖民研究与“西方”拜物教

我们已经习惯了很多带有各种形容词和前缀的“现代性”概念,这些概念几乎都意味着“原始”的现代性存在是由西方“主本”制定的,然后在世界各地产生了一系列“副本”或变体。这些现代性概念的问题在于将时间上的滞后转化为质的差异。

拉扎勒斯(Neil Lazarus)认为,后殖民研究中存在“西方”拜物教现象,这一现象潜藏在他们对欧洲中心主义的批判中。[①] 欧洲中心主义通常不被视为一种意识形态模式,而是被视为殖民和现代帝国背景下的统治基础。借由对欧洲中心主义的批判,后殖民理论倾向于用一个伪地理概念(即“西方”/“欧洲”)来取代具体的意识形态概念(即“资产阶级”“资本主义”),并将它提升为一种方法论原则,其效应在于用地理意义上的有形形式来指代无形的民族间的历史关系。由此,“西方”被构建为一个帝国拜物教,成为历史上的胜利者的权力化身。

“西方”确实起到了指明一种社会权力的作用,但它除了使这种权力变得神秘之外,还使其社会基础变得不透明。因为“西方”既不指政体,也不指国家、民族,而是指一种“文明”。这种文明具有深刻的世界历史意义。在人类的历史上,西方化的世界革命第一次将世界上所有的人民聚集在一起。在很短的时间内,基本上

---

① Neil Lazarus, “The fetish of the West in postcolonial theory”, in Crystal Bartolovich and Neil Lazarus(eds.), *Marxism, Modernity, and Postcolonial Studies* (Cambridge: Cambridge University Press, 2004), pp.43-64.

是半个世纪之内，世界各地的人民违背自己的意愿，被一群所谓“西方”的少数人（主要指西欧的民族和他们在北美的后代）强行推上了现代化的列车。因而在一贯以来的理解里，人类现在和未来的状况只能在西方化世界的框架内得到解释。在通过征服、殖民来创造一个相互依赖的世界的过程中，西方把自己的成就作为一个普遍的标准，其他所有人无论多么不情愿，都不得不服从。

这种“西方”和“欧洲”的优势地位也牵连到马克思主义那里，以至于后殖民研究者提起马克思主义时，通常是带有敌意的。比如，后殖民理论家罗伯特·扬（Robert J. C. Young）认为：“马克思主义作为一种知识体系，它与它所反对的体系是共谋的，甚至有所延伸。……马克思主义把黑格尔头足倒置，这可能颠倒了他的观念论，但它并没有改变一个概念系统的运作模式，它仍然以欧洲为中心。”①此类观点的根源在于，他们始终把马克思锚定在19世纪思想家的谱系中，也就是说，认为马克思的思想与他那个时代的欧洲思想家是一致的，并且相应地驳斥了马克思主义对资本主义社会的整体批判。

事实上，马克思主义者和后殖民理论家之间几乎没有直接的、严肃的对话。后殖民主义研究对马克思主义的忽视或无视常常遭到马克思主义作家对整个后殖民研究领域的反向排斥。在这场争论中，双方话语中都出现了大量过于简单化、讽刺化和琐细化的内容。双方的互为指责广为人知：马克思主义被认为是欧洲中心主义的，与现代性的主导叙事（包括殖民主义本身）串通一气，其文本

① Robert J. C. Young, *White Mythologies: Writing History and the West* (London and New York: Routledge, 2004), pp.34-35.

处理是庸俗的、集权的；反过来，后殖民研究被认为是帝国主义的同谋，其当代伪装是全球化，是只面向大都市的学术冒进主义，其文本处理是非物质的、非历史的。

后殖民理论对资本主义的批判是针对进步的“现代性”概念，后者赋予“西方”特权，并将“非西方”视为其“非现代的”残余。但这种批判错误地把马克思主义归为资本主义现代性叙事的同路人。如果不消除各国各地人民之间物质不平等的差距，如今令人眼花缭乱的各种不平衡状态实际上是无法减少的。换句话说，后殖民研究一直在关注的文化竞争，不能脱离对全球政治经济失衡的严肃批评。任何致力于抵制资本主义统治的人都不能忽视资本主义渗透到我们生活各个方面的角落和间隙。对殖民主义的批判，以及对那些形式上已经去殖民化之后的社会秩序的批判，与对资本主义的批判是密不可分的。马克思主义始终强调资本主义统治在后殖民世界的连续性甚至延伸性。所有独立后的国家都面临着深刻的困境，因为它们陷入一系列它们无法控制的全球关系中，而且它们继承了内部的困难，这些困难在很大程度上是殖民主义的遗患。有些学者已经承认：“鉴于他们对过去帝国形式的历史认识，以及殖民主义和新殖民主义之间的结构性联系，后殖民学者们很好地定位在经常令人困惑的当代经济、政治和文化景观中，去追踪当代全球不平等。但这并不是说，过去已经得到了充分的检验，剩下的只是后殖民学者对现在和未来的研究。中世纪和早期现代学者已经开始了一场与后殖民理论的激动人心的对话，不仅用它来重新思考前殖民时期的接触和冲突形式，而且敦促后殖民主义者根据这些更长的历史去重新评估他们自己的方法和假设。粗鲁的现在主义模糊了我们对自己所生活的世界的看法,就像声称过去可以'客观地'恢复,事实上往往会使我们远离它。我认为后殖民研究需要与前殖民时期的历史相结合,这样才能更精密地研究现在。"①

如果说,在后殖民研究对马克思主义的否认中找回马克思主义是必要的,那么同样地,马克思主义也不应致力于对后殖民研究的断然否认,而应该在共同关注的领域吸纳后殖民研究的进步资源。

四、反种族主义的理论化前景

"种族"不仅是一个生物学意义上的差异范畴,更是一个建构起来的差异范畴,其中外观、文化、语言和其他特定的特征被归于某些指定的群体,这些群体成为系统和持续的歧视性思想和实践的当事者。反种族主义被定义为一种能够有效挑战和克服种族主义的社会政治实践,其推进的关键是在理论上解释产生种族和种族主义的复杂过程,它涉及发展一个理论框架去应对种族主义的社会构建方式。在这一意义上,马克思主义、批判的种族理论、后殖民主义都是促成反种族主义理论的重要资源,前者关注资本主义、国家、意识形态、压迫、剥削等方面,后两者关注东方主义、殖民主义、民族主义、白人性(Whiteness)等种族主义遗产。最大的困难在于如何理解这些进路之间的张力,毕竟它们各自的特殊性往往

① Ania Loomba, *Colonialism/Postcolonialism* (London and New York: Routledge, 2005), p.227.

被放大,而共同性则被低估。斯图尔特·霍尔(Stuart Hall)在20世纪90年代中期指出:“实际上,当前关于‘晚期现代性’辩论的两部分——后殖民主义和对全球资本主义新发展的分析,在很大程度上是相对孤立地进行的。”①

一些批判的种族理论和后殖民理论学者认为,种族和种族主义的历史和当代关联不能用有限的马克思主义范畴来解释(如资本主义、阶级分化、虚假意识等等),而是应当把分析的层面扩大到文化、政治和社会领域。这种关于权力、身份和话语的理论,虽然揭示了种族/种族主义的生产/再生产的某些方面,却也不可避免地掩盖了其他方面。而在另一边,许多马克思主义理论家认为,对待种族和种族主义的后殖民主义方法没有充分强调物质性和资本主义,仅仅用权力、话语,或二者之间的分立框架来讨论,实际上可能模糊了我们对种族/种族主义与资本主义之间关系的理解。再加上种族/种族主义本身已经超越了抽象理论的范畴,而更多见于激烈的反抗的社会运动。在还没有在理论上形成令人满意的成果之前,就过早地投入了革命的实践中,这在一定程度上暂缓了反种族主义理论化的脚步,也使得争论本身陷入了僵局。比如,即便是最初认为西方和东方的思想文化都没有认真研究后殖民理论的切伯尔(Vivek Chibber),前后也用了四年时间来分析“底层研究”的理论缺陷,分析其远离阶级而拥抱后殖民理论的原因,其中主要涉及后殖民理论的兴起及其替代马克思主义的社会前提。正如书名

① Stuart Hall, “When was ‘the postcolonial’? thinking at the limit”, in Iain Chambers and Lidia Curti, *The Postcolonial Question: Common Skies, Divided Horizons* (London and New York: Routledge, 1996), p.257.

所示,他认为后殖民理论无法摆脱资本的幽灵。①

进入21世纪以来,我们有幸看到一些马克思主义作家对后殖民研究、对种族概念化、对反种族主义解放运动和思想等作出了有力思考,将资本主义批判、意识形态分析与种族化的社会排斥、白人性、文化、国族等问题结合起来。如蒂莫西·布伦纳(Timothy Brennan)对20世纪后殖民研究的思想史梳理②,普拉纳夫·雅尼(Pranav Jani)对印度民族大起义时期马克思与欧洲中心主义的关系问题的探索③,凯文·安德森(Kevin B. Anderson)讨论了民族主义、族群属性、非西方社会等在马克思的思想中不大被关注的边缘论题④,罗宾·布莱克本对美国内战的研究⑤,希玛蒂·班若琪(Himani Bannerji)从意识形态、民族主义、性别、族群等维度研究霸权规划⑥,等等。在这个体量并不算大的群体里,资本主义不仅被理解为一种经济体制,而且被理解为一种社会和政治体制,诸如政治国家、不平衡发展、资产阶级霸权等问题得以在种族的背景下被

---

① Vivek Chibber, *Postcolonial Theory and the Specter of Capital* (London: Verso, 2013).

② Timothy Brennan, "Postcolonial studies between the European wars: an intellectual history", in Crystal Bartolovich and Neil Lazarus(eds.), *Marxism, Modernity, and Postcolonial Studies* (Cambridge: Cambridge University Press, 2004), pp.185-203.

③ Pranav Jani, "Karl Marx, Eurocentrism, and the 1957 Revolt in British India", in Crystal Bartolovich and Neil Lazarus (eds.), *Marxism, Modernity, and Postcolonial Studies* (Cambridge: Cambridge University Press, 2004), pp.81-97.

④ Kevin B. Anderson, *Marx at the Margins: On Nationalism, Ethnicity and Non-Western Societies* (Chicago: University of Chicago Press, 2010).

⑤ Robin Blackburn, *An Unfinished Revolution: Karl Marx and Abraham Lincoln* (London and New York: Verso, 2011).

⑥ Himani Bannerji, *Projects of Hegemony: Essays on Ideology, Nationalism, Gender and Ethnicity* (New Delhi: Orient Longman, 2007).

理解。东方主义、欧洲文化、现代性和白人性都是通过动态的全球资本主义生产方式,在资本主义国家内部和之间的全球权力体系中得以建构完成,并突出表现为制度和意识形态的差异。

另一边,后殖民主义学者或批判理论学者也作了大量努力,他们开始关注种族、白人性、文化和国族等理论化过程中的资本主义、全球化和帝国主义因素。如博妮塔·劳伦斯(Bonita Lawrence)等人对去殖民化的反种族主义的研究①,查尔斯·米尔斯(Charles W. Mills)对种族契约、种族正义、白人至上体系的研究,伦姆巴(Ania Loomba)在《殖民主义/后殖民主义》的第二版里加入了后殖民研究与全球化和新帝国形式关系的新内容,等等。这些整合性的努力都为弥合马克思主义与批判种族/后殖民理论之间的差距作出了贡献,他们利用各方最具建设性的要素来对话,试图在种族理论和反种族主义方面取得进展。长远来看,如何更好地消化这种理论进路的交互效应,并共同地为资本主义批判这一主旨服务,还将取决于对如下一些关键问题的回应。

其一,认识论框架的互补。我们需要进一步思考,在种族问题上,批判的种族理论、后殖民理论等是否有推进和补充马克思主义认识论的可能。反之亦然。对马克思主义的概念和理论的当代解读,是否可以为理解种族和种族主义提供更精细和微妙的可能。

其二,在"西方马克思主义""白人马克思主义"之外,还有"黑人马克思主义""黑人激进传统""非洲马克思主义"等资源有待我们挖掘。一些在主流视野里经常被忽视或被边缘化的"有色"激进

---

① Bonita Lawrence and Enakshi Dua, "Decolonising Antiracism", *Social Justice*, no.4 (2005): 120-143.

理论家，曾经就如何将马克思主义、反殖民主义、反种族主义与本土现实相结合而作出了思考，他们构成了一股从种族维度切入资本主义批判的强大力量。

其三，阶级与种族的关系始终是一个争论焦点。一方对消除种族主义现实的阶级还原论进路无感，另一方则对种族和种族主义作为资本主义批判的核心要素颇有微词。各方迫切需要在理论上寻找共识，并团结起反抗力量的新同盟。在这一点上，马克思主义需要更多更切实的努力，尤其需充分理解与解释反种族主义的努力，把握资本主义的中心社会与外围社会之间的巨大张力。正如萨米尔·阿明（Samir Amin）所言："把对当代世界的分析集中在不平等发展和帝国主义上是不可缺少的。到那时，也只有到那时，我们才有可能设计出一种超越资本主义的转型战略。障碍在于脱离现实中的世界体系。这种障碍对于发达的中心社会来说比那些外围社会更大。这就是帝国主义的明确含义。"①或许马克思主义不应再以一种"失活"的状态存在了，它需要对资本主义世界体系造成实质性的伤害。对此，萨特的提醒依然有效："无须让一种活的哲学去重新适应世界的进程；它会通过千百种首创性的特殊探求，自己去适应世界的进程，因为它和社会的运动是一回事。"②马克思主义自身不应该也不需要根据资本主义批判的种族维度来刻意地修正以适应这个变化中的世界。作为一种"活的哲学"，它是随着社会历史的发展而自我适应的。一些所谓"超越"其实并没有

---

① Samir Amin, *Eurocentrism* (New York: Monthly Review Press, 2009), p.210.

② 萨特：《辩证理性批判》第1卷，林骧华、徐和瑾、陈伟丰译，安徽文艺出版社，1998，第10页。

真正“超越”，而是把那些原本未曾显现的思想再现出来。种族问题本就是一个在现代社会的形成中产生并遗留至今的历史问题，几个世纪的发展催生了种族矛盾和冲突的各种变体，但它依然没有超越经典理论所表达的“历史时代”，依然在现代性的框架内活动。

第二节　种族资本主义批判的论域及意义

因种族因素而引发的一系列社会政治运动把资本主义与种族主义的关系问题摆在批评者面前，对于这一问题的回应，“种族资本主义（Racial Capitalism）”及其批判话语是其中的重点。进入21世纪以来，由于资本主义危机的不断变化以及不断暴露的种族化剥夺形式，种族资本主义及其批判作为一种过去不大受到重视的流派思潮，再度引起了批评者的兴趣，诸如与新冠疫情相关的各种污名化、黑人群体或边缘群体的非人遭遇等，都可以视为资本主义与种族主义关系持续发酵的结果。在这一时代背景下，本节试图考察种族资本主义批判这一当代资本主义批判形式，以理解种族资本主义批判话语的论域及时代意义。

一、“种族资本主义”概念及其使用

资本主义与种族主义的纠缠首先指向18世纪到19世纪早期以奴隶为基础的种植园资本主义，但20世纪的种族隔离的工业化资本主义也是如此。而且很少人否认，在当今这个去工业化、次贷

化、大规模监禁的资本主义时代，种族主义依然存在。“种族资本主义”一词最早出现在20世纪70年代南非对抗种族隔离和白人至上的斗争中，一些学者用“种族资本主义”来解释南非独特的种族经济状况。之后，非裔美国社会理论家塞德里克·罗宾逊将“种族资本主义”的概念从一个具体制度的描述发展为一种理解现代资本主义一般历史的方式。

资本主义与种族主义的关系构成了“黑人马克思主义（Black Marxism）”①这一深刻但未得到充分重视的批判理论流派的核心议题。至少在20世纪80年代，这一流派的反思尚处在所谓“批判的种族理论（Critical Racial Theory）”的前沿。随后，资本主义与种族主义的关系就从批判理论的议程上短暂消失了，它被有效地让位于自由主义、后结构主义、后现代主义范式的思想家。如今，新一代持批评态度的反种族主义理论家（如 Michael Dawson，Ruth Wilson Gilmore，Barbara Ransby，Keeanga-Yamahtta Taylor 等人）正在为这个领域重新注入新的活力。种族资本主义批判之所以再度复兴，一方面是因为出现了新的反种族主义激进运动，另一方面，当代资本主义社会正陷入一场不断加深的危机，它加剧了特有的种族压迫形式，为整个世界带来了风险和不确定。

严格来说，“种族资本主义”不是资本主义的一种形式，换言之，在资本主义的历史上，它与“商业的”“工业的”“垄断的”和“金

① 黑人马克思主义盛行于20世纪30年代到80年代，主要代表人物有：C. L. R. James，W. E. B. Du Bois，Eric Williams，Oliver Cromwell Cox，Stuart Hall，Walter Rodney，Angela Davis，Manning Marable，Barbara Fields，Robin D. G. Kelley，Cornell West 等。他们的研究尽管在具体细节上存在分歧，但都深入探讨了资本主义与种族主义的联系。

融的”等并不处于一个序列或阶段。相反,从大西洋奴隶贸易和美洲殖民开始,所有资本主义在物质利益和意识形态的一致性方面,都是种族资本主义的组成部分。种族征服是更普遍的资本主义制度的一种特殊表现,确认资本主义是“种族的”,可以扩展我们对资本主义的认识。种族资本主义将“种族”视为一种分类模式,它涉及身体和自然,且成为一种潜在的、不可改变的本质,标志着不同人种之间不可逾越的差异。这些虚构的、具身化的差异继续在资本主义的经济形态中发挥作用。“种族”与“资本主义”的结合意味着承认种族主义剥削在资本主义形成过程中的作用。

种族资本主义批判大致形成了如下三方面的论点:第一,所有资本主义形式都起源于种族分化,种族是资本主义的根本特征;第二,资本主义创造了非资本主义或似资本主义的空间,这个边缘空间代表了资本主义内部将一些空间和人口指定为非生产性的需要;第三,对资本主义积累机制种族化理解的结构性分析。先看前两个方面。

第一个方面的主要成果来自塞德里克·罗宾逊。他认为,资本主义是从一个已经充斥着种族、宗教和国族分裂形式的封建社会中诞生的,而且资本主义非但没有消除,反倒扩大了这些分裂。尽管中世纪和早期现代形式的差异并非欧洲独有,但是资本主义在欧洲内部发展,并在其向美洲扩张的背景下,使得从这个大西洋熔炉中产生的种族化进程在资本主义的历史中占据了一个特殊的位置。正是这些过程使罗宾逊确认:“世界资本主义的历史发展在最根本的方面受到了种族主义和民族主义的特殊力量的影响。"①这种影响不是偶然的或暂时的,而是资本主义起源和运作不可或缺的。罗宾逊最后总结道:"欧洲文明的趋势不是同质化,而是差异化——将区域的、文化的和辩证的差异夸大为种族差异。"②

这是对马克思的资本原始积累思想的延续与发展。一般而言,马克思把原始积累视为前资本主义的过程和阶段。对于资本主义自身的发展而言,通过奴役和殖民等形式的资源输入是必要的,但不是持续的。晚近以来不少学者反思这一概念,并认为,剥夺式积累作为资本早期积累形式的延续,已然是重塑全球经济版图的一个核心过程,成为当今时代新殖民主义的核心机制。正是全球性的商业利益引发了对世界范围的穷人、土地、自然资源以及公共服务的剥夺。一些人口被迫离开非资本主义存在形式,但没有进入其他经济存在模式。他们被无产阶级化,被剥夺了资源和能力,却不能进入其他替代的经济。对此,大卫·哈维(David Harvey)总结道:"剥夺式积累的作用是以极低的成本(在某些情况下为零)释放一组资产(包括劳动力)。过度积累的资本可以扣押这些资产,并立即将其转化为有利可图的用途。"③

第二个方面的主要成果是论证边缘空间的塑造和边缘人口的形成。印度后殖民经济学者卡利安·桑亚尔对资本主义发展的反思向我们展现了资本主义如何区分人口,同时将不同的经济活动

---

① Cedric J. Robinson, *Black Marxism: the Making of the Black Radical Tradition* (Chapel Hill: The University of North Carolina Press, 2000), p.9.

② Cedric J. Robinson, *Black Marxism: the Making of the Black Radical Tradition* (Chapel Hill: The University of North Carolina Press, 2000), p.26.

③ David Harvey, *The New Imperialism* (New York: Oxford University Press. 2003), p.149.

统统归位于积累逻辑。[1] 资本主义在其霸权发展的各个阶段展现了一种创造"边缘空间"的方式,这一空间看似在资本主义之外,却又是资本主义发展的结果,并直接或间接地受制于资本积累逻辑。这种空间上的区隔本质上是虚构的,只有在种族主义文化的帮助下才能维持,但真实的是,这些被驱逐到边缘空间的人群形成了数量庞大的边缘人口。他们偶尔会进入不稳定的但有一定报酬的工作,参与由这些生产力塑造的消费市场,但却无法在其中获得承认,或者获得资本主义社会的公民身份。这种对资本主义边缘生命的降级是资本主义种族化的重要方面。而且更为残酷的事实是,"边缘人口"不仅成为"过剩人口",甚至变成被排斥、被驱逐的人口。

对资本主义的种族化理解在一定程度上丰富并加深了马克思当年对"产业后备军"的讨论。马克思说,现代工业特有的生活过程,即活跃、繁忙、危机、停滞的周期性过程"建立在产业后备军或过剩人口的不断形成,或多或少地被吸收,然后再形成这样的基础之上"[2]。这支不以人口自然增长的限制为转移的产业后备军,也是资本主义生产正需要的力量。马克思以此揭示了资本主义积累的绝对的、一般的规律:"后备军规模越大,常备的过剩人口也就越多,他们的贫困同他们所受的劳动折磨成正比。"[3]如今看来,这条规律仍然在起作用,但也发生了一些微妙变化。长期以来,资本主

---

① Kalyan Sanyal, *Rethinking Capitalist Development: Primitive Accumulation, Governmentality and Post-colonial Capitalism* (London: Routledge, 2007).

②《马克思恩格斯文集》第5卷,人民出版社,2009,第729页。

③《马克思恩格斯文集》第5卷,人民出版社,2009,第742页。

义社会一直设想并计划着要把所有人都纳入其生产循环中,但现在人们清楚地看到,这种过度扩张是无法持续的。在这个仍然被殖民时代的深刻分歧撕裂的世界里,发达国家的经济计划必须进行调整,以保持相对的特权,而不仅仅是实现利润最大化。更通俗的说法是,大量的人实际上被抛弃了。比如,有些人还在监狱、难民营和贫民窟,他们没有准备好去工作,他们的劳动力是过剩的。一直以来,人类都在为生存而斗争,成为"过剩"是一个痛苦的、危机四伏的过程。资本主义发展中的差异化正在通过种族化来实现:将一些人口纳入系统中,同时将其他人口驱逐出系统。种族属性成为一些人被人为降格的原因,尤其在极其动荡和不确定的时期成为保护一些人、贬低另一些人的理由。

二、种族资本主义的结构性基础

资本主义与种族主义的相互作用不是历史的偶然,这种互动有其基础和缘由,这属于"批判理论"探讨的主题。美国批判理论家南茜·弗雷泽(Nancy Fraser)认为,资本主义与种族主义的纠缠背后存在一个结构性基础,即资本主义运作中的两个不同而又相互交织的过程——"剥削(exploitation)"与"剥夺(expropriation)"。① 前者是社会主义者、工会主义者和其他反资本主义人士所熟悉的概念,它把资本主义的症结定位在商品生产中资本对雇佣劳动的剥削;后者由帝国主义批判者提出,它聚焦于资本对被征服的人民的

① Nancy Fraser, "Is Capitalism necessarily racist?", last modified May 20, 2019, http://quarterly.politicsslashletters.org/is-capitalism-necessarily-racist/.

掠夺。

西方主流经济学通常从市场交换的视角来看待资本主义,这种狭义的资本主义意味着一种利润最大化逻辑。这一逻辑可以将任何种族主义冲动归为来自市场外部的力量,它扭曲了市场的实际运作。因此,种族主义运动的罪魁祸首不是资本主义,它有着历史、政治和文化等多方面原因,所有这些都被视为资本主义的外部因素,并且只是偶然地与资本主义联系在一起。这一视角的理解结果是使资本主义形式化,将其简化为一种"节约"的手段和目的,并剥离了历史和政治内容。

与之不同的是,马克思发现了资本通过剥削雇佣劳动者而实现自身积累的秘密。资本主义制度的核心是剥削,它被看作两个阶级之间的关系:一方面,资本家拥有社会生产资料并占有其剩余价值;另一方面,自由的但没有财产的生产者必须为了生存而出卖劳动力。因此,资本主义不仅是一种经济形式,而且是一种以资本在商品生产中剥削自由劳动力为核心的阶级统治的社会制度。然而弗雷泽认为,马克思如此密切地关注资本利用雇佣劳动的过程,却没有系统地考虑到与此相关的一些同样基本的过程。比如非自由的、依赖性的、无偿的劳动在资本积累中扮演的关键角色,以及政治秩序授予"工人"自由个人和公民的地位时,将"其他人"视为次要的,甚至无关紧要的存在。

为此,弗雷泽引入了"剥夺"概念。剥夺包括征服和对"边缘"人口的掠夺,它揭示了资本主义现代性背后隐藏的野蛮,即在字面上同意的契约之下隐藏着野蛮暴力和公然盗窃。剥夺是一种资本积累方式,是通过剥夺能力和资源,将其纳入资本扩张循环的手段。剥夺可以是公然暴力的,也可以披着商业的外衣。被剥夺的主体可以是位于资本主义体系边缘的人群,也可以是位于资本主义核心的主要或从属群体。一旦被剥夺,他们可能会成为被剥削的无产者,或者成为穷人、贫民或奴隶,成为雇佣劳动之外的对象。被剥夺的资产可以是劳动力、土地、动物、工具、矿物或其他资源,也可以是活生生的人,包括他们的身体器官。

资本不断诉诸种族化的剥夺有其结构性原因。一个致力于无限扩张和私人侵占剩余价值的体系,催生了资本所有者剥夺劳动力和生产资料的深层利益。剥夺通过两种方式降低生产成本来提高利润:一方面,通过提供廉价的投入,如能源和原材料;另一方面,通过提供低成本的生活手段,使他们能够支付较低的工资。因此,通过剥夺那些不自由的或从属的臣民的资源和能力,资本家可以更有力地剥削"自由工人"。尤其在危机时期,剥夺变得特别有吸引力,因为它是恢复不断下降的利润率的解决办法,把那些从似乎对资本没有威胁的人群手中剥夺的价值转移到对资本有威胁的人群手中,来化解或避免危机。

剥削和剥夺不是两个独立和平行的过程,而是在同一个资本主义世界体系中系统地交叠在一起,对种族化的"他者"的剥夺构成了剥削"工人"的必要条件。首先,与马克思的"原始积累"观点相比,"剥夺"丰富了我们对资本主义运作(尤其是资本积累运作)的理解。原始积累指的是资本在其体系初始阶段的血腥积累过程。而在一个容易发生危机的系统中,剥夺是一种持续的过程,对于维持积累至关重要。其次,马克思引入原始积累来解释无财产工人和占有生产资料的资本家之间的阶级划分的历史成因。剥夺也解释了这一点,但它也带来了另一种社会划分,即资本通过雇佣劳动剥削的"自由工人"和资本通过其他方式蚕食的不自由或依赖的"臣民"。

由此,弗雷泽区分了"可被剥削的自由主体(free subjects of exploitation)"和"可被剥夺的依赖主体(dependent subjects of expropriation)"。从经济上看,剥削和剥夺都是资本积累的机制,是两种不同的但又相互交织的价值扩张方式。然而从政治上看,在资本主义社会中,被剥削的工人具有自由人的合法地位,即有权出售他们的劳动力。一旦他们从生产资料中分离出来并被无产阶级化,那么至少在理论上不会被进一步剥夺。就此而言,无产阶级的地位与被资本剥夺的人有所不同,后者被剥夺了政治保护,成为被剥夺的猎物。在资本主义社会中,政治国家制定并实施了区分公民与臣民、本国人与外国人等的地位等级制度。而且,帝国主义的地缘叙事将世界划分为"中心"和"边缘"。从历史上看,"中心"即资本主义发展的中心地带,而"边缘"则被塑造成"剥夺地"。这种划分从一开始就被明确地种族化了,地缘等级制度有助于区分适合剥削的人口和地区,以及那些注定要被剥夺的人口和地区。正是这种"可剥夺"状态,也即无防御能力和易受侵犯的状态,构成了种族压迫的核心。剥削主体与剥夺主体的区别在于"种族"是可剥夺的标记。马克思说:"资本来到世间,从头到脚,每个毛孔都滴着血和肮脏的东西。"[①]当一些人群没有得到政治国家、社会规范或其他机制哪怕是最低限度的保护时,资本主义展现出了格外肮脏的一面:

① 《马克思恩格斯文集》第5卷,人民出版社,2009,第871页。

从那些地位低下的人群、从那些因为种族化的排外结构而产生的不安感而变得更加脆弱的人群身上,榨取额外的价值。

三、种族资本主义批判的认识论意义

准确来说,种族资本主义批判并非一种"理论",而是一种理解当代资本主义社会现实的思维方式。它提供了一种对资本主义运作的种族化理解,也是对这种依据种族属性来划分人口和建构差异的做法的批判。种族资本主义批判关注资本主义形成的种族因素,更关注资本主义是如何通过持续的种族化而继续幸存的,以及这种种族的差异化、他者化过程是如何持续继续影响我们的思维方式,并潜移默化地成为我们自我意识的一部分,同时提醒着那些身处诱人消费社会中的人们,随时存在被资本主义推到边缘的风险。

过往对资本主义的研究和批判一般离不开如下基本的看法和态度:资本主义给一些人带来了无尽的痛苦;资本主义在世界各地的发展轨迹都是相似的;资本主义的扩展和蔓延体现了无止境的贪婪;资本主义将民主作为自由的消费社会的一部分;资本主义将所有的社会关系都转变成它自己的形象;资本主义取代了(或终究会取代)过去一切的社会结构;等等。种族资本主义批判则扩展了这些认识:快乐和欲望的短暂满足把一些人缝合进了资本主义的生活方式中,这也给他们和"其他人"带来了相当大的痛苦;世界各地有着不同程度的资本主义(或具有资本主义性质的)发展,这意味着资本主义在以不同的方式创造着空间,这个过程大多适应了当地的条件,采取各种可能的混合形式,既吸纳了一些人口,也把另一些人口驱逐到边缘;贪婪的资本不会以同样的方式吸收所有的人口,也不是每个人都能成为理想中的生产者或消费者,这种不平衡天生就是资本主义运作的一部分,它无法通过同质化来克服;消费者屈从于资本的过程是必然的,但并不都是民主的,被消费社会宰制的程度存在巨大差异,总有一些人被排除在生产之外;资本主义所占据和重建的不同空间各自具有一套社会关系,尽管可能具有被征用的共同经历,但总是因其他因素的介入而变得复杂,因而反抗资本主义的斗争势必需要调动日益差异化的人群;资本主义的投机本性会利用一切可以利用的生活方式和社会组织来实现和维持资本的积累,而不是单纯地取而代之;等等。

尽管种族资本主义批判与马克思对资本主义的批判分析有所不同,但本质上二者都属于资本主义批判的宏大范畴,它们并不是对立的,而是可以相互作用。种族资本主义批判可以视为对马克思批判资本积累的补充,而马克思对资本主义社会压迫过程的批判也可以为我们理解种族资本主义提供更多启示。

与马克思所使用过的“剥削”和“异化”这两个概念相比,“压迫”概念受到的关注较少。压迫作为一种人类关系形式,它无法量化,而只能在特定的历史条件下被研究和理解。马克思那里的压迫至少有两种形式,一种是“阶级压迫(class oppression)”,是被剥削者、被压迫阶级所经历的生活形式。另一种形式是存在于被压迫阶级内部的“特殊压迫(special oppression)”,如工人阶级与其他被压迫阶级的相互竞争和对抗。[①] 在《哲学的贫困》中,马克思阐述了基于工人阶级共同经验的"阶级压迫":"经济条件首先把大批的居民变成劳动者。资本的统治为这批人创造了同等的地位和共同的利害关系。所以,这批人对资本来说已经形成一个阶级。"[②]阶级压迫现象反映了资本主义社会中的具体形式,而"反抗阶级压迫"则取决于工人阶级自觉地成为一个"自为的阶级":"被压迫阶级的存在就是每一个以阶级对抗为基础的社会的必要条件。因此,被压迫阶级的解放必然意味着新社会的建立。要使被压迫阶级能够解放自己,就必须使既得的生产力和现存的社会关系不再能够继续并存。在一切生产工具中,最强大的一种生产力是革命阶级本身。革命因素之组成为阶级,是以旧社会的怀抱中所能产生的全部生产力的存在为前提的。"[③]

然而现实中的阶级压迫状况并不是单一的,作为一个阶级的共同经验可能会为特殊压迫所分化。资本主义在其发展中将工人阶级聚集起来,但也通过"游离"的方式迫使工人之间展开竞争。如马克思在《资本论》第一卷中谈道:"资本在两方面同时起作用。它的积累一方面扩大对劳动的需求,另一方面又通过'游离'工人来扩大工人的供给,与此同时,失业工人的压力又迫使就业工人付出更多的劳动,从而在一定程度上使劳动的供给不依赖于工人的

① Abigail B. Bakan, "Marxism and anti-racism: rethinking the politics of difference", in Abigail B. Bakan and Enakshi Dua(eds.), *Theorizing Anti-racism: Linkages in Marxism and Critical Race Theories* (Toronto: University of Toronto Press, 2014), pp.109–110.

②《马克思恩格斯文集》第1卷,人民出版社,2009,第654页。

③《马克思恩格斯文集》第1卷,人民出版社,2009,第655页。

供给。劳动供求规律在这个基础上的运动成全了资本的专制。"[1]这种特殊压迫的作用具体体现在当时英国工人和爱尔兰工人的紧张关系上:"普通的英国工人憎恨爱尔兰工人,把他们看作会使自己的生活水平降低的竞争者。……他们对爱尔兰工人怀着宗教、社会和民族的偏见。他们对待爱尔兰工人的态度大致像以前美国各蓄奴州的白种贫民对待黑人的态度。而爱尔兰人则以同样的态度加倍地报复英国工人。同时他们把英国人看作英国对爱尔兰的统治的同谋者和盲目的工具。"[2]资本家阶级非常清楚,保持和加深种族的、民族的对立是"资本家阶级能够保存其自身势力的秘密所在"[3]。可见,种族化的"分而治之"是资本主义运作中屡试不爽的伎俩。从这点出发,种族资本主义批判的确揭示了资本"隐秘的生产场所"[4]。

遗憾的是,阶级与种族的联盟在历史上总是有限的。或许正是这种种族化的意识形态虚构和真实空间划分,将"中心"工人的利益和目的与"边缘"人群分离开,从而阶级斗争很容易就与反奴隶制、反帝国主义和反种族主义的斗争分离开。反之亦然,旨在反抗种族压迫的运动有时对与"劳工"的结盟不抱希望,甚至不乏蔑视。这种做法在整个资本主义历史上都削弱了解放的力量。晚近以来,普遍不满的被压迫人群为民粹话语所吸引而加入右翼民粹主义队伍中,最终除了道义上的承认外,他们并没有得到什么实际

① 《马克思恩格斯文集》第 5 卷,人民出版社,2009,第 737 页。
② 《马克思恩格斯全集》第 32 卷,人民出版社,1974,第 655—656 页。
③ 《马克思恩格斯全集》第 32 卷,人民出版社,1974,第 656 页。
④ 《马克思恩格斯文集》第 5 卷,人民出版社,2009,第 204 页。

的回报。

总而言之，种族资本主义批判揭示了资本主义何以在危机中继续幸存，同时揭示了反对资本主义的斗争也将继续下去。在新冠疫情的冲击下，资本主义势必将再一次为幸存而战，展开新的资源争夺，利用种族分类的手段煽动仇恨、制造一部分人共存的幻觉。在这一过程中，资本积累的意愿依然不变，无论是通过剥削还是征用的方式。只关注剥削并不能解放那些遭遇种族歧视和压迫的人，同样的，只关注反种族主义也不能改变被剥削的事实。我们需要看到资本主义中根深蒂固的剥削与征用的共生，需要通过废除这一庞大的体系来实现彻底的社会革命。种族资本主义批判可以扩展我们观察资本主义运作的视野，被剥削的人也是(或随时可能沦为)被征用的人，而被征用的人势必难逃被剥削的命运。一旦清楚这一点，我们就有可能展望一种马克思主义与种族资本主义批判的有机结合，继而诉诸一种新的团结力量。诚然，反对资本主义的斗争并不意味着反抗者都是同一的，而是说反抗者们是在一起的，尽管他们身处不同的地理位置，具有不同的历史和文化经验，但是这场战斗中最重要的是团结。

第三节　批判的种族理论的论域及意义

资本主义自产生伊始便与种族压迫纠缠在一起。从 18 世纪和 19 世纪早期以奴隶制为基础的北美种植园资本主义，到 20 世纪实施“种族隔离”的工业化资本主义，再到当今这个次贷化、大规模监控的资本主义时代,种族压迫始终存在着。问题在于:这种纠缠的本质是什么?是因偶然的事件而爆发,还是在资本主义的结构深处而根深蒂固?种族主义—资本主义的联系是偶然出现的,还是说资本主义从一开始就以"种族"来划分人口?未来是否可能实现一种去种族主义的资本主义?诸如此类的问题在批判理论的领域里曾经不乏深刻的讨论,但并未得到足够的重视。在 20 世纪 30 年代到 80 年代,包括 C. L. R. 詹姆斯、杜波依斯、艾里克·威廉斯、奥利弗·考克斯、斯图尔特·霍尔、瓦尔特·罗尼(Walter Rodney)、安吉拉·戴维斯(Angela Davis)、曼宁·马拉博(Manning Marable)、芭芭拉·菲尔茨(Barbara J. Fields)、罗宾·凯利(Robin D. G. Kelley)、塞德里克·罗宾逊和科内尔·韦斯特(Cornell West)等人,尽管他们各自的研究在具体细节上存在分歧,但每一位思想家理论家都深入探讨了资本主义与种族主义之间的关联。从事后看,他们的反思处于我们现在所称的"批判的种族理论"的前沿。这里的"批判的种族理论"实际上是一个扩大后的概念,它最早属于法学研究的一个分支,但是其开放性使得它的范围不再限于法学,而是延展到人文社会科学的几乎所有学科领域,它们共享着一个主题——反种族主义。

一、反种族主义与批判的种族理论

"批判的种族理论"最初是法律界的一场运动,但它已迅速扩展到法律界以外的领域,它集合了一群对研究和改变种族、种族主义和权力之间的关系感兴趣的活动家和学者。批判的种族理论考虑了许多传统民权和种族研究话语所涉及的相同问题,但将它们置于更广阔的视角,包括经济、历史、背景、群体和自身利益,甚至情感和无意识。

批判的种族理论兴起于20世纪70年代中期,当时美国的一些律师、活动家和法律学者或多或少意识到,20世纪60年代令人兴奋的民权进步已经停滞了,而且在许多方面还在倒退。因而,迫切需要新的理论和策略来对抗正在崛起的、更加微妙的种族主义,早期如德里克·贝尔(Derrick A. Bell)、理查德·德尔加多(Richard Delgado)等学者都为这一理论运动注入了大量的精力。与之前传统的民权运动不同,批判的种族理论质疑自由秩序的基础,包括平等理论、法律推理、启蒙理性主义、宪法中立原则等等。批判的种族理论家虽然具体的关注点有所不同,但是基本认同如下一些原则:

首先,种族主义是普遍的而非例外的,是社会运行的常态化方式,也是一些国家和地区的大多数有色人种普遍的日常经历。这意味着种族主义难以治愈或解决,往往只有那些最明显的种族歧视才能吸引世人的注意而得到一定的纠正。其次,无论是精神上还是物质上,“白色”都比其他颜色占有更大的社会优势。在很大程度上,种族主义既促进了白人精英在物质上的利益,也促进了工人阶级在精神上的利益,所以社会上的大部分人并没有根除种族主义的动机。再次,种族和种族主义是社会思想和社会关系的产物。它们不是客观的、天生的或固定的,不符合生物学或遗传学的现实;相反,种族是社会发明、操纵或在方便时退出的范畴。在不同时期,社会会对不同的少数族裔群体进行差异的种族化,以应对劳动力市场等不断变化的需求。例如,在某一时期,社会对非裔黑人的需求可能很少,但对拉美裔或亚裔工人的需求却很大。在另一个时期,亚裔可能受到强烈的排斥,社会转而培养其他有色人种从事战争工业或到前线当炮灰。而且,对各种少数群体的流行形象和刻板印象也会随着时间的推移而改变。在某个时代,一群有色人种可能被描绘成无忧无虑、头脑简单、满足于为白人服务的形象。但是过一段时间,当环境发生变化时,同样的群体可能出现在卡通、电影和其他文化剧本中,表现为危险、野蛮和失控,因而需要被密切监视甚至暴力压制。最后,认同“交叉性”和“反本质主义”概念。个人的身份并不是单一的:白人女权主义者可能是犹太人,也可能是工人阶级,或者是单身母亲;非裔美国活动家可能是同性恋;某个拉美裔可能是民主党人,也可能是共和党人;而亚裔也可能是当地的少数民族,因其农村背景而不熟悉城市生活;等等。可见,每个人都有潜在的冲突和重叠的身份、忠诚和归属。此外,由于非裔、印度裔、亚裔、拉丁裔等作家和思想家的历史和受迫经历不同,他们可以与白人同行交流一些后者不太可能知道的问题。换句话说,少数族裔的身份地位会天然地带来一种谈论种族和种族主义的能力,“有色”作家可以运用自身独特视角来评估不同的“主—奴”叙事。

或许有人会认为,当代社会的种族主义正在衰落,阶级比种族更为重要。当然,令人震惊的种族主义表达方式比过去少了,而且许多白人也不乏一些黑人、拉丁裔或亚裔朋友。尽管如此,已经在日常生活中渗透至深的种族主义仍然在继续损害着有色人种的生活。在西方社会里,寻求贷款、公寓或工作的黑人和拉丁裔比同等条件的白人更容易被拒绝;监狱里的犯人大部分是黑人和棕色人种;企业CEO、医生、校长等体面职业几乎都是白人,而贫穷的面孔大多是黑色的或非白色的,黑人家庭的平均资产只有白人家庭的十分之一左右;与白人相比,有色人种的寿命更短,接受的医疗服务更差,完成的学业更少,从事的卑微工作也更多。为什么会这样?种族主义和经济压迫之间的关系(其本质是种族和阶级的关系)也是批判的种族理论非常感兴趣的话题。

二、批判的种族理论的主题

批判的种族理论至少有如下几个研究主题。

第一,种族实在论或物质决定论。批判的种族理论家总体上可以划分为两个阵营。一个阵营可以称为理想主义者或观念论者,他们认为种族主义和种族歧视是思维、心理分类、态度和话语的问题。种族是一种社会建构,而不是生物现实,因此我们可以通过改变形象、语言、态度、感受、教化等系统来破坏它,至少可以让它失去对当事者的直接伤害和刺痛。另一个阵营则可以称为种族实在论者、唯物主义者或物质决定论者,他们认为尽管观念意义上的态度和语言很重要,但是种族主义不只是对其他群体的成员产生不良印象。种族主义是一种社会分配特权和地位的手段,种族等级决定了谁能得到实实在在的生活好处。

在早期的批判的种族理论里,实在论者占大多数。例如,美国的学者们质疑被大肆吹嘘的民权救济制度最终是否给有色人种带来了很多好处。德里克·贝尔在《哈佛法律评论》上发表的一篇经典文章中指出，黑人的民权进步总是与不断变化的经济条件和白人精英的自身利益相吻合，而同情、仁慈，以及不断发展的社会礼仪和良知标准，即便起了一些作用，也无甚意义。贝尔大胆地选择了布朗诉教育委员会案（这是美国最高法院判例史上的明珠），并邀请他的读者扪心自问，为什么美国的法律体系在1954年突然开放了？贝尔认为，是世界和国内的情形促成了这一开创性的决定。1954年，朝鲜战争已经结束，第二次世界大战也结束不久。在这些战争中，非裔美军表现英勇，他们中的许多人活着回到美国，在他们的一生中第一次经历了一个合作和生存优先于种族压迫的环境，他们自然不会心甘情愿地任由生活回到低贱劳动和饱受非议的状态。恰巧在那个时期，美国也陷入了冷战，这是一场与国际共产主义力量的斗争，美国需要争取那些未作出承诺的第三世界的支持，其中大部分是黑人、棕色人种或亚洲人。如果国内乃至世界环境里再充斥着种族歧视、暴力甚至谋杀的讯息，那么将不利于美国的利益。这个短暂的时期正是美国软化对国内少数民族立场的时候，白人和黑人的利益至少需要在形式上趋于一致。

第二，对美国历史尤其是种族主义历史的修正。批判的种族理论试图通过这种修正来重新审视美国的历史，用更符合少数族裔经历的解释去取代约定俗成的多数派（或者更确切地说白人史学）对历史事件和历史发展的解释。这一修正史学往往基于上述唯物论立场，认为要了解黑人、拉丁裔和亚裔的曲折命运，就必须关注利润、劳动力、国际关系和白人精英利益等物质问题，而那些所谓种族态度、思维或心理等等，都是对物质领域的遵循、解释或合理化。在这一意义上，两个阵营的区分，即唯物论与观念论的区分并非一件小事，它直接影响了决策。如果唯物主义者是正确的，那么在种族主义消失之前，我们需要改变少数族裔生活的物质环境，相应的对策是认真对待工会、移民和全球化导致的工作岗位流失等问题；而如果偏向观念论，那么校园言论规范、种族主义言论的侵权救济、多样性研讨会以及在电视节目中增加黑人、棕色人种和亚洲演员的代表性将是优先考虑的事情；当然也可能有相对平衡的中庸之道，即物质和文化相互作用、相互促进，这样一来，在这两个领域工作的种族改革者就能为种族救赎的整体工程作出贡献。

第三，对自由主义的批判。批判的种族理论者普遍对自由主义作为解决美国种族问题的框架感到不满。许多自由主义者相信宪法的中立原则，从宪法的角度来看，这个国家没有优越的、占统治地位的、作为统治阶级的公民。但实际上，大多数白人认为自己才是国家的主导（在声望、成就、教育、财富和权力等方面都处于主导地位）。一种更极端的自由主义观点则认为，法律对种族的任何关注都是错误的，即使是为了纠正历史的错误。对于这一点，批判的种族理论者认为，既然种族主义已经深深地扎根于我们的思维过程和社会结构中，那么社会的规则制度将使少数族裔处于从属地位。只有积极主动地、有“肤色”意识地努力改变现状，才会大大减轻痛苦。

另一方面，批判的种族理论者也高度怀疑另一个自由主义支柱，即权利。在他们看来，权利几乎总是程序性的，总是关注过程是否公平，而不是实质性的，如涉及食物、住房或教育等。自由主义体制一面赞扬给予每个人平等的机会，另一面却抵制确保结果平等的计划。此外，当权利与当权者的利益发生冲突时，它们几乎总是会被削减。例如，那些针对少数族裔、同性恋和其他局外人的仇恨言论几乎总是被容忍的。在法律上争取权利的胜利，也会因狭隘的解释、行政上的阻碍或拖延而消失殆尽，少数族裔即使没有变得更糟，也不比以前好多少。而且如今看来，情况又发生了更加复杂和微妙的变化。原本作为种族进步主要障碍的自由主义，逐渐被猖獗的、公然的保守主义取代。因此，一些批判的种族理论家不再关注自由主义及其弊端，而开始着手解决保守主义浪潮。

第四，结构决定论。我们首先需要了解一种词汇的贫困状态，即“种族主义”一词往往被用来形容那些比种族主义复杂得多的现象，如有意向或无意向的种族歧视，有意识或无意识的种族歧视，制度性的种族主义，带有恐同或性别歧视色彩的种族主义，漠视有色人种的种族主义，等等。可见，结构决定论的核心在于，我们的系统由于其结构和词汇的稳固性，而无法纠正某些类型的错误，也带来了如下一些难以应对的棘手问题：

首先是思维工具与法律改革的困境。律师的法律创新受制于已有的法律范畴，受制于已经存在的规则或原则，而不得不遵从结构性的模板。即使当一个新的想法开始流行，编纂参考书和索引工具的法律索引者也可能没有意识到它的重要性，试想，批判的种族理论所使用的术语，如交叉性、利益趋同、反本质主义、霸权、语言权利、黑白对立等等，要多久才会进入法律的官方词汇库中？

其次，共情的谬误。一个更基本的问题是，现代社会已经愉快地消化了诸如“黑鬼（negro/nigger）”“白鬼（whitey/honky）”“黄祸（yellow peril）”“苦力（coolie）”“中东佬（wog）”“红脖子（redneck）”

等带有种族歧视色彩的词。人们很难反驳那些深深扎根于他的同胞心中,甚至是国家精神中的人种形象和刻板印象。当我们认为,人们可以用词语来消除其他人对这些词语的理解,就是犯了共情的谬误。因为,大多数人在日常生活中不会接触到许多种族和社会地位截然不同的人。我们与和自己有着相同文化背景的人交谈,阅读他们写的材料。然而,在某种意义上,我们都是在使用我们的叙事库存——我们用来理解这个世界的术语、先入之见、脚本和理解。它们构成了我们对自己的理解,是我们评判新故事的基础。

最后,作为自我平衡机制的种族补救。美国民权法律和执法体系确保了种族进步以恰当的缓慢速度发生,太慢会让少数族裔失去耐心,并有可能导致社会不稳定,而太快可能会危及精英群体重要的物质和精神利益,因而这一体系始终在以一种种族补救的方式来保持系统内部的自我平衡。而一旦这种种族补救的理想和现实之间的差距太大时,这个系统就会产生一个终结案例,让每个人都看到这是真正的公平和公正。当社会环境要求系统作出真正的让步时(比如平权行动),这种让步的代价总是落在少数族裔或工薪阶层的白人身上。

三、"黑/白"思维模式与批判的白人研究

今天美国种族思想中一个更有争议的问题是,我们用来考虑种族问题的框架是否反映了一种未阐明的"黑/白"二元范式或思维模式。这种黑与白的二元对立模式规定,非黑人少数群体必须将他们的待遇与非裔美国人的待遇进行比较,以获得补偿。也即

是说，黑人群体构成了典型的少数族裔群体，而种族压迫的对象指的也是典型的非裔人。其他群体（如亚洲人、印第安人和拉美人）则只是在他们的经历和待遇与非裔黑人类似的情况下才属于少数群体。比如美国的主流历史叙述可能会对极其重要的奴隶制问题投入相当大的篇幅，但对加州和其他地方的华人所受到的强烈迫害，却很少关注或干脆直接忽视。在一些批判的种族理论者看来，将人种的考虑范围局限在非裔黑人是为了讨论的方便起见，因为如果一个人理解了这段歧视和压迫黑人的肮脏历史，他就会理解并知道如何应对针对所有其他群体的种族主义。

长期以来，美国社会一直为身份认同问题所困扰，而倾向于根据身体特征和文化将其公民归类。实际上并没有足够的科学依据可以支持这种做法，这已经成为一种习惯和方便。和其他模式一样，“黑/白”模式可以让人们简化理解复杂的社会现实。当然，它也有助于审视美国黑人和白人之间的历史和持续的关系。只是这种模式的风险在于，不符合美国主流社会种族观念的非黑人少数群体会被边缘化，并被排斥为局外人或非美国人。

“黑/白”或任何其他的种族二元模式不仅危险地简化了分析，将种族发展线性化，而且会削弱团结，减少少数族裔联合的机会，剥夺不同人种群体之间相互分享经历的可能，从而不免过度依赖于白人当权派的认可，并导致最终的失望。只关注两个群体的二元思维可以掩盖种族进步和倒退的大局，也掩盖了占主导地位的社会常常让少数群体相互对立、不利于双方的方式。除了让一个少数群体与另一个少数群体对立之外，二元思维还会以牺牲其他群体为代价，导致对白人的夸大认同。而对于白人种族而言，他们可以选择一个特定的群体(通常是一个体量小的、没有威胁的群体)作为其他群体的监督者或参照。落入这个陷阱的少数族裔希望获得地位,而白人自诉并非种族主义者,因为他们雇用了一些心怀感激的少数族裔,担任人际关系的监督者。少数族裔群体能抛开狭隘的民族主义和二元思维,而共同对抗压制他们的力量吗?他们似乎有很多收获,但旧的思维模式很难改变。毕竟人们很少挑战自己的偏见、特权和立场。

批判的种族理论不仅针对种族主义和被压迫的对象,也对白人压迫者进行了研究。后者属于批判的种族理论中的一个新兴领域:"白人性(whiteness)"研究。至少几个世纪以来,社会科学家一直在研究有色人种,学究式地讨论他们的历史、文化、问题和未来前景。现在新一代学者则倾向于把"白人性"置于透镜之下,审视白人种族的建构。如果像大多数当代理论家所认为的那样,种族不是客观存在的,也不是具有生物学意义的,而是由社会情绪和权力斗争构成的,那么美国的白人种族是如何定义自己的呢?伊恩·哈尼·洛佩兹(Ian Haney López)、亚历山大·萨克斯顿(Alexander Saxton)、西奥多·艾伦(Theodore W. Allen)和大卫·罗蒂格尔(David R. Roediger)等学者讨论了这个问题的几个方面,如:白人是什么?白人是如何在法律上确立的?某些群体是如何进入或退出白人范畴的?如何解释白人的权力乃至白人至上现象?以及人们加入占主导地位的种族之后,何以自动获得了特权?

在我们的流行用语里,"白色"经常与天真、善良、美好等联系在一起。新娘在婚礼当天穿上"白"色婚纱,"白"雪公主是一个童话故事,象征着美德得到了应有的回报。在谈到濒死体验时,病人几乎总是会说有一道令人眩目的白光，也许这是一种人们所希望的积极、良性的精神力量的投射。相比之下，黑和暗往往带有邪恶和威胁的含义。黑暗的意象是如此强烈地传达邪恶和恐怖。我们说的是一种黑暗的阴郁。被某一群体认为不可接受的人被称为被列入“黑”名单。坏人通常被描绘成皮肤黝黑或穿着黑色衣服。相似的是，我们中国人也会说“黑”社会、“黑白两道”。这些都预示着黑与白之间的对立，把积极美好的一面赋予“白”，而把消极晦暗的一面赋予“黑”。在批判的“白人性”研究里，自然不会满足于这些显而易见的解释。如下几点是需要把握的基本论点：

其一，“白”作为一种标准，它已经成为白肤色人群的一种属性。在美国，其他群体（如印第安人、拉丁美洲人、亚裔美国人和非裔美国人）统统被描述为非白人，其实也就是与白人不同的甚至相对立的人。

其二，白种人的法律定义是在移民法的背景下形成的，因为法院决定谁有在美国生活的特权。正如许多普通公民所做的那样，法官们定义了白种人，以确立与黑人或其他肤色人群的差异性。因此，白种人被定义为与非白种人的对立，这种对立也标志着特权与其对立面之间的界限。现实中只有那些被认为是白人的人才有资格进入白种人的社区。

其三，白人结构的另一个方面是某些群体进入白种人范畴的方式。例如，早期的爱尔兰人、犹太人和意大利人被认为是非白人，也即与非裔美国人不相上下。而随着时间的推移，他们通过加入工会、宣誓效忠民主党、获取财富，赢得了白人的特权和社会地位。事实证明，“白”不仅是有价值的，它还具有移动性和延展性。

其四，白人性的最近一种表现形式是在白人至上和白人权力群体中的夸张形式。在这些组织中,白人团结带来了黑人团结所没有的问题和危险。当一个少数群体的成员联合起来寻求社会和政治支持时,大多数观察人士会认为这是对多数派压力的一种自然和适当的反应。但是,如果多数族裔的成员联合起来,以牺牲那些少数族裔为代价来促进他们的利益,那会怎么样呢?雅利安至上主义者和光头党团体的事实在不断提醒着世人,白人的知足常乐非常容易退化为极端主义。

其五,"白人特权"指的是作为占统治地位的种族的一员,所拥有的无数社会优势、利益和体面。白种人往往受益于一种偏袒、交换和礼遇的制度,而有色人种常常被排斥在外。对于这种特权,从白人自身的角度也有形成同情的理解。比如当黑人平权运动发生时,针对白人的公平性也遭到了质疑。然而在普遍且系统性的种族主义环境之下,没有哪个白人成员看起来是无辜的。一个人对种族的理解、对他人的刻板印象以及对维护自己地位需要几者之间相互作用,都有力地决定了一个人的观点。因而,一些白人在面对种族问题时,会从普遍有效的观点出发;同样地,许多白人也会极力否认他们从白人特权中受益。

批判的种族理论讨论了诸多与种族相关的议题,并且始终站在反种族主义的前线。这一运动和流派看到了当代社会仍然受着白人至上体系的统治和支配,并指出反种族主义与反资本主义、反白人至上主义是连在一起的,单纯地反对其中一种是不现实的。批判的种族理论不仅试图理解和解释当今社会的种族状况,而且试图改变它;不仅致力于研究社会是如何按照种族和等级制度来自我组织的,而且还致力于推动社会的变革,为相对于白种人的其他少数族裔人群谋求更多更好的社会政治福利。

第二章　资本主义与黑人问题

黑人问题作为突出的种族问题,已是现代资本主义社会的顽疾。我们已经多次见识到黑人运动对社会和政治的冲击。资本主义看似束手无策,却又能不知不觉地将黑人问题化于无形。其中的秘密值得深思。从理论上看,国外讨论黑人问题的学者大多基于两种立场,一种是马克思主义的,另一种是黑人激进传统的,且后一种立场大有取代前一种立场之势。黑人激进传统本身对于马克思主义的态度也不是出自学理上的扬弃,而是基于实用意义上的选择。本章首先讨论黑人激进传统的历史与限度,继而区分马克思主义与黑人激进传统。

第一节　黑人激进传统与黑人身份政治

美国的黑人民权运动在 20 世纪五六十年代到达顶峰之后,其反抗潜能不时以暴力抗争的方式表现出来。2020 年,因乔治·弗洛伊德之死而爆发的"黑命攸关"(Black Lives Matter)运动暴露了美国社会深处的种族主义特征,同时也让世人感受到黑人激进运动强大且持久的破坏力,这是身份政治话语的一大现实表征。发端于 20 世纪 60 年代中期的"身份政治"(Identity Politics)激发了一系列以性别、性向、族裔或种族等因素为政治基础的新社会运动。这些运动或多或少取得了一些现实效应,并在政治和学术领域引发了人们对身份政治的关注与批评。以往我们对黑人运动的关注大多集中在文化研究、文化批评上,而对于黑人激进传统的缘起、本质、属性等方面的关注并不多。黑人激进传统可以看作基于黑人种族的身份政治的先声,其中已经暗藏了日后身份政治的局限,尤其在与马克思主义相比较时,这种局限更为明显。一般而言,20 世纪初期的一些黑人知识分子普遍经历了马克思主义的"学徒期",深受世界资本主义危机以及工人运动和反殖民运动的影响。在大萧条和战争期间,他们试图抓住植根于黑人反抗中的历史意识,致力于围绕黑人种族来建构主体性,其效应一直延续至今。在当今种族主义依然难以根除的历史背景下,本节试图基于黑人激进传统与马克思主义的比较研究,来考察身份政治的主体性局限。

一、黑人激进传统生成的时代背景

黑人激进传统在历史上可追溯至殖民时期的黑人奴隶与劳工对宗主国及统治阶级的反抗。19 世纪 60 年代的美国内战是一个关键节点，尽管在内战中发布了《解放黑人奴隶宣言》，但黑人的政治权利并没有得到实质的保障，黑人由此开始了寻求公民权的漫长斗争。只是在这一过程中，黑人并没有形成系统的激进传统和思维方式。直到20世纪上半叶，世界陷入了战争、萧条、革命等错综复杂的大变局，黑人激进传统才在一些黑人知识分子的努力下开始成型，其主要活跃地点是美国。当时，俄国"十月革命"的成功、共产国际的成立及其对国际共产主义运动的领导，均影响了美国共产党以及美国的工人运动，其声势日益壮大，甚至美国黑人也加入美国共产党的组织领导中。

美国共产党早期对黑人知识分子极具吸引力。黑人作家赖特(Richard Wright)在回忆自己当初加入美国共产党的心境时表示："吸引我的不是共产主义的经济学，不是工会的强大力量，也不是地下政治的兴奋；我的注意力被其他国家工人的相似经历吸引，被分散但有亲缘关系的人们团结成一个整体的可能性吸引。在我看来，在这里，在革命表达的领域里，黑人的经历终于找到了归宿，找到了一种有效的价值和作用。"①然而这种归宿感没有持续太久。美国共产党对黑人运动的组织与领导只是浮于表面，黑人从中获取的只是西方的反抗经验，而没有更深层的本土化理解，过度教条化使他们远离了美国的社会现实："他们有一个程序，一个理想，但他们还没有找到一种语言。……(美国)共产党人把他们想要领导的人的经历过于简单化了。他们在争取群众的过程中，失去了群

---

① Richard Crossman(ed.), *The God That Failed* (New York: Harper & Row, Publishers, Incorporated, 1963), p.118.

众生活的意义,把人民看得太抽象了。”①不可忽略的是,产生这一现象的原因是苏联马克思主义和国际工人组织的情势变化。俄国“十月革命”的胜利激励了黑人的反抗激情,共产国际的政治主张也为黑人激进者所信奉。列宁去世之后,斯大林主义成为世界共产主义运动走向的标志性思想。但是,苏联国内愈演愈烈的反智主义浪潮造成了广泛的负面影响,导致共产国际在黑人激进者心目中的重要性日渐式微。再加上后来托洛茨基创建了第四国际,与斯大林所领导的共产国际相抗衡,所谓“正统马克思主义”在政治层面开始分化,美国共产党打着共产国际旗号的抗议也沦为一种抽去了本质内容的空洞形式。为此,黑人激进传统将马克思主义理论从政治实践中剥离出来,仅保留了马克思主义对资本主义社会的深刻批判,这具体体现在黑人激进史学的讨论中。

南北内战之后,美国黑人始终在谋求实质的解放。在美国民主的完善过程中,黑人所作出的努力不容忽视。然而,在美国的史学生态里,白人历史学家的种族主义解释话语始终占据着主导地位,他们将民主重建过程中的错误和失败归咎于黑人的无知和败坏。与之相反,黑人学者普遍认为只有黑人的忠诚和选票才能使南方恢复联邦统治,建立新的民主制度和公立学校。杜波依斯于1935年出版的开创性作品《美国的黑人重建》驳斥了白人至上主义的主流解释,赞扬了非裔美国人在那个动荡时期的独特贡献,并透过美国本土的黑人反抗历史,丰富了资本主义社会的批判理论。

① Richard Crossman(ed.), *The God That Failed* (New York: Harper & Row, Publishers, Incorporated, 1963), p.120.

在他所处的年代,资本主义世界体系在经历了战争、萧条以及亚非拉的叛乱和革命后幸存下来,展现了强大的自愈能力。同时,帝国主义在19世纪中后期和20世纪的扩张,创生出多种资本积累手段。在这一历史背景里,美国黑人的命运与欧洲工人大相径庭。在西欧以外,资本主义世界体系造成了社会和经济的混乱,资本主义的海外殖民策略并没有促使黑人形成进步的信念。

最后,黑人激进传统的形成离不开黑人激进者的努力。黑人激进团体大体可以分为两个阶级类别,即小资产阶级与无产阶级。其一,小资产阶级的黑人知识分子作为“精英”元素,大多接受了良好的西方教育,但又有着自身黑人的立场;他们既经历了来自欧洲的种族主义,又深感“入侵”的西方文明与本土的生活和文化格格不入;他们既是种族统治的受害者,也被迫充当统治者的工具。背负如此沉重的矛盾角色,一些精英选择了反抗,并逐渐形成了激进的黑人知识分子群体。其二,无产阶级的黑人知识分子大多出生于美国南方底层社会,他们没有机会接受西方先进知识的“洗礼”,却亲身经历了种族主义的野蛮暴行,这导致他们十分抗拒和排斥资产阶级社会及其文化,更谈不上任何通过资产阶级改变自己命运的愿望和期待。他们之所以开始接触马克思主义,其最初动因并不是理论上的考虑,更多是领导和组织层面的需要——因为他们需要一个组织来代表黑人底层发声。两类群体的不同阶级属性并不影响他们共同选择马克思主义。马克思主义对真理的承诺、对社会等级秩序的公开反对、对统治阶级历史起源的反思、对下层阶级的认同等,均展现出强大的思想力和行动力,这些都使黑人激进者无法抗拒它的吸引力。

黑人激进传统对马克思主义的态度有其特殊的时代背景,他们把马克思主义理论视为自身理论探讨的资源,而对马克思主义所倡导的社会实践则既接受又出离。黑人激进传统并没有像其他国外马克思主义思潮那样凝聚为一个代表性的流派,它的形成具有相当丰富的实践感——尽管组织形式上是分散的,但在实际斗争中则基于黑肤色的认同感而将群体牢固整合起来。在欧陆激进主义对种族问题相对忽略的情况下,黑人激进传统产生了一种独特的思想和实践,即从欧洲中心转移到"边缘"(如殖民地和有色人种),坚决反对奴隶制和针对黑人的种族歧视以及其他一切由种族资本主义、殖民主义和帝国主义所衍生出来的压迫方式。

二、黑人主体性的建构

黑人激进传统的一个突出贡献是黑人主体性的建构。主体性是 20 世纪几乎所有的革命理论家和活动家在思考"革命何以可能"时绕不开的议题。在黑人激进传统中亦是如此,"如何构建黑人的主体性"对黑人激进运动而言至关重要。

虽然我们熟谙马克思主义的阶级分析方法,但是黑人群体的阶级定位似乎并不明确。在唯物史观视域下,资本主义生产方式的内在矛盾可能导致由无产阶级(现代工人阶级)领导的社会主义革命,无产阶级是资产阶级社会的掘墓人,无产者与资产者的对立是现代社会阶级斗争的基本特点。在这一标志性对立之外,其他的阶级(如小资产阶级、流氓无产阶级、农民阶级等)也各自扮演着特定的历史角色。美国南北内战之前的黑奴与农民阶级很相似,杜波依斯对此描述道："战前，奴隶被奇怪地孤立起来；这就是奴隶制度的政策，也是有效的政策，它使种植园成为黑人群体的中心，而周围的白人则组成了一个网络，他们阻止奴隶之间的联系。……大量奴隶都是狭隘的，他们远离了信息的传播。"①黑奴所拥有的社会关系基本只限于主奴关系，而且是包含着独特情感的主奴关系，即奴仆们始终认为："主人站在他们和世界之间，在这个世界里，除了主人，没有什么法律可以保护他们。"②在这种独特的社会关系的包裹下，任何群众运动的实现都将是缓慢而痛苦的。除了黑人奴隶深陷阶级自我认同的狭隘境况，贫穷白人劳工的视野和意识也同样难逃狭隘和宿命的窠臼。正如马克思所言："作为北部真正政治力量的工人曾容许奴隶制玷污他们自己的共和国；他们曾在那些未经本人同意就被收作奴隶或出卖的黑人面前夸耀地表示，自己出卖自己、自己选择主人乃是白皮肤劳动者的最高特权。那个时候，他们不能获得真正的劳动自由，也不能支援他们的欧洲弟兄的解放斗争。"③然而在美国南北内战中，正是这两群人——黑人奴隶和白人工人发动叛乱、释放能量，推动着内战的走向，杜波依斯将其描述为"全世界在俄国革命之前所见过的最非凡的马克思主义实验"④。

---

① W. E. B. Du Bois, *Black Reconstruction in America*, 1860－1880 (Cleveland and New York: The World Publishing Company, 1969), pp.121－122.

② W. E. B. Du Bois, *Black Reconstruction in America*, 1860－1880 (Cleveland and New York: The World Publishing Company, 1969), p.123.

③《马克思恩格斯全集》第 21 卷，人民出版社，2003，第 25 页。

④ W. E. B. Du Bois, *Black Reconstruction in America*, 1860－1880 (Cleveland and New York: The World Publishing Company, 1969), p.358.

然而,与其说是黑人的主体意识造就了革命,毋宁说是革命催生了主体意识,而且这种主体意识严格来说并不是阶级意识,更多属于建立在黑肤色认同之上的种族意识。在现代社会里,黑人主体性是一种另类的但又极具代表性的现象:一方面,黑人群体的地域性和分散性特征对于反抗而言并不成问题,因为即便没有党派的组织和领导,只要利用黑人种族主义的意识形态,那么仅仅依靠个别事件便可以迅速集结起反抗力量,并掀起全国性乃至世界性的抗议浪潮;另一方面,在"政治正确"的标签和牵制下,黑人的反抗成为间歇性的美国社会症候。面对黑人的反抗,当局的选择不是武力镇压,而是将诉求引到政治层面加以解决。

黑人的反抗反映了时代的社会斗争状况。正如后马克思主义者拉克劳(Ernesto Laclau)所言:"我们面对的是社会行动者的日益碎片化,但这不应是对逝去的'普遍阶级'的怀念,而必然是作为一种新斗争的资源。碎片化的一个结果是,那些聚合了诸多社会斗争的议题需要更多的自主性,而且它们面对的是有着更多需求的政治系统。因而它们变得难以驾驭且又不容忽视。……社会行动者不同需求之间的不确定关系,自然为它们的合理接合敞开了可能。即便这样的接合不是必然的,它也扩展了历史行动的可能性。"①面对日趋复杂的社会斗争状况,左翼传统的普遍做法是将主体性问题还原为阶级分析,但事实是,个体拥有比其客观的阶级地位更广泛的社会身份。多元决定的社会身份是一个更复杂的现

① Ernesto Laclau, *New Reflections on The Revolution of Our Time* (London and New York: Verso, 1990), p.82.

象:“个体是矛盾积累的承载者和交叉点,这些矛盾并非都是阶级矛盾。”[①]集体主体性不仅通过工人和资本家在生产领域的斗争得以彰显,而且通过政治和意识形态层面的对抗(antagonism)来寻求更广泛的社会认同。拉克劳和墨菲(Chantal Mouffe)拒绝阶级要素的先在状态,而认为集体主体性是一种“接合实践”(articulatory practice)的结果,是通过特定的话语来创造和维持的。因此任何革命的主体性都是不稳定的,因为它总是固定在一个特定的节点(nodal point),这个节点提供了暂时的统一和连贯。社会政治领域中潜在的对抗点仍在增加,并从中衍生了大量话语来表达和接合各种社会要素,进而不断生产出新的批判形式来重新思考社会对抗的本质。在这种背景下,“我们面临着主体多元性的出现,而只有放弃主体范畴的如下本质,即主体是已经统一的,且具有使统一的功能,我们才有可能思考它的构成形式和多样性”。[②]

在后马克思主义对复杂多元的社会斗争进行理论化之前,这些斗争就已经经历了较长时段的具体实践,如黑人激进传统就逐渐形成了自身独特的主体身份与基于黑人种族的身份政治话语。

三、黑人身份政治的主体性局限

黑人激进运动作为一种反抗资本主义社会的形式,表现了特

---

① Ernesto Laclau, “Towards a theory of populism”, in Ernesto Laclau, *Politics and Ideology in Marxist Theory* (London and New York: Verso, 1977), p.163.

② Ernesto Laclau and Chantal Mouffe, *Hegemony and Socialist Strategy: Towards a Radical Democratic Politics*, 2nd Edition (London and New York: Verso, 2001), p.181.

殊的作用与功能,抗争的最终结果往往是黑人获得了制度法规层面的社会和政治权利,然而其身份政治却表现出难以突破的限度。笔者主要围绕黑人激进传统与马克思主义的关联与分殊,从如下三个方面阐明黑人身份政治的主体性局限。

第一,对主体性问题的经济结构分析。马克思对主体性问题的分析是以资本主义社会的经济结构为出发点的。按照马克思的观点:“创造资本关系的过程,只能是劳动者和他的劳动条件的所有权分离的过程,这个过程一方面使社会的生活资料和生产资料转化为资本,另一方面使直接生产者转化为雇佣工人。”①随着大规模工业的发展,技术和机械的应用克服人类劳动的物质限制,提升了劳动的社会化程度,并带来新的更高形式的生产和合作。譬如,马克思在《资本论》第1卷里考察了“局部工人”结合成“总体工人”的情况,他认为“总体工人”的主体性将超过“局部工人”的需求和意识,并解释道:“一方面,它表现为社会的经济形成过程中的历史进步和必要的发展因素,另一方面,它表现为文明的和精巧的剥削手段。”②马克思对资产阶级社会的深入分析,揭示了资本主义发展的一般规律和客观趋势,尤其是预判了周期性的经济危机及其一系列后果,如资本对劳动的剥削更加强烈、劳动力在生产过程中为机器所取代、社会财富愈益集中、自由资本主义向垄断资本主义过渡等等。这些趋势既预示着统治者无法控制他们自己创造出来的物质力量,也为革命性的社会变革提供了物质基础。

黑人激进传统也十分注重对资本主义社会结构的剖析,但这

① 《马克思恩格斯文集》第5卷,人民出版社,2009,第822页。
② 《马克思恩格斯文集》第5卷,人民出版社,2009,第422页。

种注重是种族思维极端化的结果。譬如,“种族资本主义(Racial Capitalism)”概念最初被英国一些学者用来指认种族隔离制度下的南非经济状况,但是非裔美国社会理论家罗宾逊(Cedric J. Robinson)把它从一种对特定制度的描述发展为理解现代资本主义一般历史的概念。他认为,资本主义在封建秩序中“破土而出”,并在西方文明的文化土壤中“开花结果”;然而,西方文明已经完全为种族主义所浸染,资本主义和种族主义并没有脱离旧秩序,而是在旧秩序中不断演变而来,进而建构了一个依赖于奴隶制、暴力、帝国主义和种族灭绝的现代“种族资本主义”世界体系。欧洲最初出现的工人阶级的确带有种族特征,如爱尔兰人、犹太人、罗马人、斯拉夫人等,他们是被欧洲资本家掠夺、圈地、殖民和奴役的受害者。“种族资本主义”提供了一种比较新颖的理解西方文明和资本主义起源的思路,而且也完美地迎合了黑人激进主义及其现实运动的主题。但是过度凸显种族要素的重要性也使其不可避免地走向极端,其结果就是消解了西方文明的同质化特征,而把差异化推向极致,最后还为这些差异披上了“种族”的外衣:“通过资本主义发展起来的欧洲文明倾向于差异化而不是同质化,即把地域的、亚文化的和辩证的差异放大为‘种族的’差异。”①

第二,对特定群体身份的不同理解。资本主义的发展不仅为自身的瓦解创造了客观基础,而且创造了能够承担这一使命的阶级主体。工人阶级“对资本来说已经形成一个阶级”②,但更重要

---

① Cedric J. Robinson, *Black Marxism: the Making of the Black Radical Tradition* (Chapel Hill: The University of North Carolina Press, 2000), p.59.

② 《马克思恩格斯文集》第 1 卷,人民出版社,2009,第 654 页。

的是,通过人数的增加、斗争方式的改进、阶级意识的教化等,工人阶级可以从“反对资本的阶级”发展为革命的“自为阶级”;而且为了加速并实现这一发展和转变,工人阶级不得不建立自己的政党。在实践上,共产主义政党是工人运动的先锋队;在理论上,共产主义政党“了解无产阶级运动的条件、进程和一般结果”①。工人阶级必须进行自我教育,而共产主义政党的作用就是为其提供指导纲领(比如《共产党宣言》为国际共产主义运动所确立的总纲领和总方针,在1864年第一国际的伟大实践中得以重申和运用)。总之,马克思主义的革命主体性是通过渐进的教育和引导而产生的。正如人类通过劳动不仅改变了“身外的自然”而且改变了他们“自身的自然”一样②,工人阶级只有通过阶级斗争才能最终成为革命阶级,这一过程必然需要工人阶级“普遍地发生变化”,而“这种变化只有在实际运动中,在革命中才有可能实现”。③ 就此而言,莱博维茨(Michael A. Lebowitz)的论断有其合理性:“没有什么比‘环境的改变和自我改变的一致(即革命的实践)’更能体现马克思整个概念了。”④

黑人激进传统则表现出另一种“环境的改变与人的活动或自我改变的相一致”⑤的形式,它是主体多元化的种族表现。我们可以把黑人主体性视为“接合实践”的结果,它通过种族话语创造和

① 《马克思恩格斯文集》第2卷,人民出版社,2009,第44页。
② 《马克思恩格斯文集》第5卷,人民出版社,2009,第208页。
③ 《马克思恩格斯文集》第1卷,人民出版社,2009,第543页。
④ Michael A. Lebowitz, *Beyond Capital: Marx's Political Economy of the Working Class* (Hampshire and New York: Palgrave Macmillan, 2003), p.180.
⑤ 《马克思恩格斯文集》第1卷,人民出版社,2009,第500页。

维系。需要强调的是,这种主体性格外稳定。对于黑人激进知识分子来说,黑人激进传统是几代黑人经过斗争而积累起来的集体智慧,其中“种族”至高无上:“种族是它的认识论,是它制定秩序的原则,是它的组织结构,是它的道德权威,是它关于正义、商业和权力的经济学。”①这就是说,以往形成的种族对立传统不可避免地转变为一种激进的力量,因此,黑人激进传统的形成方式更多是一种“发现”而不是“发明”,即黑人激进知识分子并不是在书斋中“创造”了黑人激进理论,而是在黑人运动中“发现”它。另外,在黑人激进传统的视域下,马克思主义理论也很少被用来对美国社会进行严肃而持久的分析,先锋队和人民群众在发展革命意识和有效革命行动中扮演的角色也受到了质疑。西方社会的工人阶级确实反抗了统治阶级,但是反抗的失败也反映出他们深陷民族主义和种族主义的弱点。相较而言,黑人斗争的种族意识形态足够激发大规模的抵抗,并为黑人抵抗者提供他们所希望的世界图景,他们的集体行动使其轻而易举地凝聚了历史上反种族主义、反奴隶制和反资本主义的力量。这种聚集效应是天然的,仅仅依靠基于肤色和种族的身份认同就可以迅速产生爆炸性的效果。

第三,阶级与种族的复杂关系。1864 年第一国际的《协会临时章程》里规定:“这个国际协会以及加入协会的一切团体和个人,承认真理、正义和道德是他们彼此间和对一切人的关系的基础,而不分肤色、信仰或民族。”②这些内容彰显出美国内战对第一国际理念

---

① Cedric J. Robinson, *Black Marxism: the Making of the Black Radical Tradition* (Chapel Hill: The University of North Carolina Press, 2000), p.xxxi.

② 《马克思恩格斯全集》第 21 卷,人民出版社,2003,第 17 页。

的深刻影响,后者甚至把内战的地域性意义提升到国际层面。不久后,马克思代表第一国际执笔“致林肯总统”的公开信,信函的最后揭示了美国的反奴隶制战争之于工人阶级革命的划时代意义:“正如美国独立战争开创了资产阶级统治的新纪元一样,美国的反奴隶制战争将开创工人阶级统治的新纪元。”[①]这场反对奴役种族的解放战争史无前例,马克思将其视为即将到来的工人阶级革命与统治的时代先声,构想了一幅种族意识与阶级意识共存,且前者从属于后者的未来革命蓝图。然而之后的发展却不尽如人意,美国社会的阶级意识并没有伴随国家重建真正有效地发挥作用,工人运动也没有走向一个新的历史阶段。可见,种族与阶级的关系一经揭示,就可能会朝着复杂的方向前进,即便是在黑人激进传统里处于中心的种族观念,也会随着周遭环境的变化而逐渐被边缘化。

其实,在“二战”后直至20世纪70年代的美国黑人民权运动中,其指导观念已经发生了根本改变,即从原先改变美国黑人的生存状况转向整个社会的重建和价值观念的革命,具体表现在黑人力量寻求与白人工人阶级的联盟。例如美国黑人民权运动领袖马丁·路德·金曾试图摸索出一套更加强调阶级政治的应对方案,他说:“我深信,我们作为国民,必须经历一场彻底的价值观革命。我们必须马上开始从一个以物为本的社会转向一个以人为本的社会。当人们认为机器和电脑、利润和财产权比人更重要时,种族主

① 《马克思恩格斯全集》第21卷,人民出版社,2003,第25页。

义、军国主义和经济剥削这三重奏就无法被克服。"[①]他认为，提出一个经济平等的阶级计划可能会创造新的团结精神，但是种族与阶级的联合力量还不足以对美国社会结构产生足够的影响，因为这种联合是不稳定的，它从未经过谈判，也没有明确商定的计划。一旦那个将他们凝聚在一起的宏大目标得以实现，那么这种联合也将随之瓦解。种族和阶级可以联合起来反对旧政权，但是当一个新政权真正产生的时候，他们便很难就其社会目标达成共识——"不受种族隔离和公然种族歧视的自由"和"摆脱经济困境的自由"毕竟不是一回事。[②] 种族与阶级的联合某种意义上可以看作前者向后者的让步，联合的最终失败不仅印证了如下事实，即在美国这样一个肤色观念根深蒂固的地方，想要在种族与阶级之间寻求某种合作乃至平衡是极为困难的；而且反映了当时的一种基本倾向，即变化中的历史情势在创造着黑人激进传统发展的新环境，如美国南北黑人的不同生存环境、各自运动的不同进展，以及美国深陷对越战争泥潭而使国内贫穷白人的处境愈发艰难，等等。

将种族与阶级关联起来，并非意味着机械地将阶级凌驾于种族之上，而是启发我们更客观地去理解基于身份的压迫与反抗。首先，黑人激进传统需要改变的对象不仅有偏见、仇恨、律法和习俗，还有维护这些因素的既得利益者。这是让黑人运动看起来像是一场革命运动的方面。其次，黑人运动的背后是深刻的社会历

① Jack M. Bloom, *Class, Race and the Civil Rights Movement* (Indiana: Indiana University Press, 2019), p.295.

② Jack M. Bloom, *Class, Race and the Civil Rights Movement* (Indiana: Indiana University Press, 2019), p.307.

史变化。原先土地精英的经济地位被削弱,与此同时,新的阶级(商业阶级和中产阶级)适时出现,虽然后者无意挑战旧统治阶级的权力,但当其利益受到威胁时,他们就会采取干预行动并接纳黑人的反抗诉求。最后,在社会运动之后往往会出现新的稳定均势。譬如,美国的黑人运动试图以一种新的种族秩序来重塑政治格局,其结果有助于弥合农村与城市、州与联邦之间的权力裂痕,社会结构会再次趋向稳定。大多数黑人处于现代美国阶级结构的底层,而且他们的阶级地位因其种族地位而加剧,可见,改变种族地位不能与改变阶级地位截然分开,然而后者指向的结构性变革却是种族与阶级的联合体所不愿也不能进行的。

黑人知识分子通过亲历反对种族奴役的斗争,借助对黑人斗争史的系统研究,促发了黑人激进传统的形成和成长。黑人激进传统的先驱来自共同的文化母体,遭遇相似的或相互关联的奴役和压迫,都深具恢复黑人尊严的冲动。在黑人激进传统的历史上,马克思主义曾经发挥了一定的理论工具的作用,其作为一种社会分析方法,对资本主义的批判也促成了黑人解放斗争的发端。但在根基处,黑人激进传统对于马克思主义形成了自己的理解,也坚守着清晰的划界意识,认为马克思主义在解释黑人斗争和种族斗争方面力度不够。所以在马克思主义与被压迫现实之间,黑人激进传统选择了后者。但是与欧陆激进思想所植根的西方知识学统不同,黑人激进传统始终没有自身深刻的理论基础,也没有对唯物史观形成足够的理论自觉。如果我们运用马克思主义世界观和方法论来思考黑人解放问题,那么对于黑人历史的把握,就首先需要将立足点放在既定时代"主要的经济生产方式和交换方式以及必然由此产生的社会结构”[1]上，而后才是位于上层的政治与精神层面的黑人抗争。这才是解答黑人解放问题的正确路径。黑人的斗争乃至革命只是“使整个社会一劳永逸地摆脱一切剥削、压迫以及阶级差别和阶级斗争”[2]的一块重要“拼图”，要是没有“社会革命”作为最高旨趣，黑人就无法从被奴役、被压迫的状态中真正解放出来。在资本主义社会的现行运作系统里，黑人问题几乎是无解的，种族斗争只可能在制度框架里暂时平息，继而强迫症式地周期性复发。并不具备多少黑人运动实践感的我们，既需要理解和同情黑人激进传统和实践的漫长努力，也需要自觉与之保持距离，同时还要意识到，在当代续写马克思主义时有必要对非西欧的社会现实与社会要素多几分留意和审视。

第二节　白人至上与种族正义

新冠疫情让一些重要的理论问题暴露出来。比如，西方国家在对新冠疫情的称谓和报道上、在对新冠肺炎患者的救治上、在新冠肺炎疫苗的分配上，都透露出种族意义上的不正义。在过去几十年的时间里，尤其自美国政治哲学家罗尔斯的《正义论》问世以来，关于“正义”的讨论源源不断，“正义”成为政治哲学、伦理学研究的核心命题。然而，既有研究始终没有把“种族正义（Racial Jus-

① 《马克思恩格斯文集》第2卷，人民出版社，2009，第514页。
② 《马克思恩格斯文集》第2卷，人民出版社，2009，第514页。

tice)"作为一个重要命题。虽然种族正义在学界被谈论得较少[①],但是这个具有历史厚度的命题却是当代无法回避的现实问题。

当代加拿大政治哲学家威尔·金里卡(Will Kymlicka)曾说道:"任何理论要想获得一定的可信度,都以人人平等的理念作为其内核。"[②]这意味着,尽管自由主义、保守主义、社群主义、社会主义等诸多流派思潮在其他方面会有所不同,但它们都对"平等主义"有着共同的承诺。平等主义之所以能够唤起主流政治哲学的普遍认同,是因为它们主要考虑欧陆背景。如果将视野扩大到全球,那么,与其说人人平等,不如说所有白人平等。对此,弗雷德里克森(George Fredrickson)在《种族主义简史》一书中指出:"为什么西方的种族主义在世界历史上如此独立和引人注目,是因为它是在假定人类平等的背景下发展起来的。"[③]可见,"种族正义"虽然属于"正义"范畴,但又对主流政治哲学的传统框架形成了一定挑战。在当下这个种族主义掀起波澜的时代,本节试图讨论这个相对沉默的命题,以期引起更多的关注与思考。

---

① 从中国知网的搜索结果来看,"种族正义"出现在标题中的论文仅有一篇,即罗克全教授的《当代政治哲学的新发展——种族正义研究》(《社会科学辑刊》2012 年第 6 期),该文着重介绍了美国学者查尔斯·米尔斯(Charles W. Mills)从阶级正义到种族正义的思想发展。如今,十年过去了,看来这一"新发展"并没有得到足够的重视。

② 威尔·金里卡:《当代政治哲学》,刘莘译,上海三联书店,2003,第 8 页。

③ George M. Fredrickson, *Racism: A Short History* (Princeton: Princeton University Press, 2002), p.11.

一、政治哲学的规范性框架：事实与价值

讨论种族正义与讨论作为整体范畴的“正义”有所不同。一般而言，政治哲学作为一个规范性学科，它并不排除描述或解释的成分。我们可以把关于正义的判断看作基于“事实”和“价值”的结合。主流政治哲学的争论点通常集中在价值分歧上。这并不是说它们不关注事实，而是说，由于在事实(对自然和社会现实的描述)上存在或假定存在高度的常识或科学共识，它不再是一个主要因素。换句话说，即使功利主义者、自由主义者、罗尔斯主义者追溯未来的结果或过去的因果，他们也是在一个“我们”能够达成共识的框架内追溯。相对而言，事实是没有争议的，真正需要争论的是当不同的权利和善概念与事实联系在一起时引发的效应。

但对于那些被认为在政治上“激进”的人来说，议程是不同的。通常情况下，他们更关注事实，即这个既定的、真实存在的社会。因为这种看似没有争议的对社会政治现实的描述，恰恰是需要被质疑的。因此，所谓“激进”往往不在于提出一种独特的新价值论，而在于描绘一种新的世界图景，这种图景挑战了我们对社会现实所知的传统智慧和正统共识，“既定社会是不正义的”这一观点也将作为前提得到确认。比如，美国女性主义学者爱丽丝·扬(Iris M. Young)从批判理论的角度提出：“对规范的反思必须从历史上特定的环境开始……与实证主义社会理论不同的是，批判理论否认社会理论必须服从既定。社会描述和解释必须是批判性的，也就是说，目的是用规范的术语来评价既定。如果没有这样一个批

判的立场,很多关于社会上发生了什么、为什么会发生、谁受益谁受害的问题就不会被提出,而且社会理论倾向于重申和具体化给定的社会现实。”①对此,马克思主义就是一个很好的例子:“任何社会的资源分配都与其政治和社会的‘深层结构’有着根本的联系,这不仅产生了使某些分配不可避免的互动形式,还产生了为这些分配辩护的道德理论。”②

可见,讨论种族正义在一定程度上是对主流的正统观念的挑战,质疑那些约定俗成的事实,揭露其中不正义的“深层结构”。以美国为例。按照正统观念,美国的自由民主政体是有缺陷的,缺陷之一就是种族主义。人们大方地承认种族主义的存在,但这种“承认”充其量只是一种蓄意的让步,并不影响政治本身的概念化。有色人种在法律和习俗下的系统性从属地位在理论上被忽视了,这是对事实的明显回避。只需要回顾一下过去几十年的政治哲学重要著作,系统性的种族从属关系在其中引起过持续的讨论吗?只有少数美国学者承认:“在这个国家的公共生活中,种族不正义可能是在道德上和思想上最令人烦恼的问题。”③从思想上看,大多数政治哲学家都是白人,当然,他们并没有公然提倡对有色人种实施种族压迫,但不可否认的是,他们基本都是从白人种族特权的角度来书写的。因此,关于种族的社会事实可能不会出现在其视野中,

① Iris M. Young, *Justice and the Politics of Difference* (Princeton: Princeton University Press, 1990), p.5.

② Jean Hampton, *Political Philosophy* (Boulder and Oxford: Westview Press, 1997), p.xv.

③ Amy Gutman, “Responding to Racial Injustice”, in Kwame A. Appiah and Amy Gutman, *Color Conscious: The Political Morality of Race* (Princeton: Princeton University Press, 1996), p.107.

更不消说提出种族结构变革的建议。种族问题可能出现在都市政治的地方性层面。即便可能把它作为一个全球性的事实来处理，它也被界定为一种观念上、态度上的个体反常现象，这种反常对应的是具有包容性的自由民主的政治价值观。在这种研究状态下，对种族主义的诊治往往诉诸道德劝诫或观念启蒙。种族研究也可能出现在社会学领域，但是这个领域的研究又存在一种关键的混淆，即混淆了非白人的欧洲人的"同化(assimilation)"和非白人的非欧洲人的"从属(subordination)"，实际上也就混淆了来自欧洲的移民群体的融合与被武力殖民的少数族裔的融合。

对种族的不敏感并不是对真理的无知，而是一种对种族不正义事实的自我屏蔽，它受限于约定俗成的社会认识范式。为什么政治哲学会对这个命题相对沉默？很大程度上是因为种族在传统范畴中是一个意识形态的盲点。压迫和剥削的施为者是阶级、资本、资本家，而受动者是每个人。在主流的政治哲学、政治科学、经济学、社会学等人文社会科学的话语里，种族问题不是争议性的。在这一意义上，我们需要在理论上寻找和建构起一套可以谈论"种族正义"的政治哲学话语。

二、资本主义社会的白人至上系统

对种族不正义的反抗需要有一个对象，这个对象不是某种具体的事实，也不是某种流行的价值观念，而是一个系统化的结构。

当代美国政治哲学家查尔斯·米尔斯选择"白人至上(White Supremacy)"作为其论证的对象，他认为，"白人至上"是"一个在当前意义上可以和马克思的阶级社会和女性主义思想家的父权制相提并论的全球社会体系”①,是一种(或一套)建立在白人种族统治基础上的政治经济制度。“白人至上”不是一个新造词,历史上它已经被用来表示白人对非白人的统治,这一统治通过欧洲的扩张主义、奴隶贸易和殖民统治而产生并加剧。“白人至上”意味着当今世界存在着一个由白人运行并为白人利益服务的系统,在这个系统中,白人压倒性地控制着权力和资源,他们有意无意地享有并表达出白人优越的观念,白人统治和非白人从属的关系无时无刻不在重演。白人的种族优势在许多领域都有连锁表现,往往会自我再生,而消除这种优势是实现种族正义的必要条件。因此我们可以说,这是一个种族化的社会制度,其中,处于优势地位的种族往往获得更多的经济报酬,在劳动力市场获得更好的职业和前景,在政治体系中占据首要地位,并获得更高的社会尊重。

实际上,“白人至上”这个概念最初的争议并不大。和马克思主义的“阶级社会”和女权主义的“父权制”相比,“白人至上”是占统治地位的白人群体坦然接受的事实。换句话说,他们几乎没有惺惺作态地认为这个社会应该是种族包容的,相反,他们理所当然地认为美国是白人国家,世界是白人的世界。正如弗雷德里克森在《白人至上》一书中认为,“白人至上”特别适用于南非和美国,因为和其他多种族社会不同,“在很长一段时间里,它们一直都倾向于将种族差异化的原则推向其合乎逻辑的结果——一个优等民族

① Charles W. Mills, *From Class to Race: Essays in White Marxism and Black Radicalism* (Lanham: Rowman & Littlefield Publishers, 2003), p.178.

统治的(Herrenvolk)社会,其中有色人种永远被视为局外人”。①

随着美国官方的种族隔离和政治排斥不复存在,这个词的原本意思逐渐从白人的主流话语中消失了。“白人至上”现在意味着极端、激进、暴力、破坏,尤其指向白人分离主义团体(如“三K党”)的信仰。“在20世纪40年代,种族主义不仅被非裔美国知识分子广泛描绘,而且在大众流行的话语中也被描述为奴隶制、殖民主义和帝国主义的历史。”但是这种意识形态的共识并没有持续多久:“在20世纪50年代则反了过来,种族主义不是奴隶制和殖民主义的结果,‘种族’和‘肤色’现在成了对奴隶制和殖民主义的解释。……种族主义被描述为一种‘疾病’,一种心理的或精神的问题,或一种可以通过‘现代化’来消除的落后人群的特征。”②

然而不管这个词的所指如何变化,白人种族统治始终是美国历史的核心,针对“白人至上”的斗争也在一直持续着。无论是从1607年还是从1776年开始算起,美国黑人首先经历了数百年法理上的种族歧视,然后是数十年的事实上的歧视,直到20世纪几次关键的法律决定出台(如1954年的布朗案、1964年的民权法案、1965年的投票权法案、1968年的《公平住房法》等),才在形式上终止了这种歧视。纵观美国的历史,在种族上实现实质性进步的时期屈指可数,如独立战争、19世纪60年代的美国内战以及20世纪中后期的冷战,而且推动进步的动力也更多是具体的历史环境和

① George Fredrickson, *White Supremacy: A Comparative Study in American and South African History* (Oxford: Oxford University Press, 1981), pp.xi-xii.

② Penny M. von Eschen, *Race Against Empire: Black Americans and Anticolonialism, 1937-1957* (Ithaca and London: Cornell University Press, 1997), p.155.

白人的利益,而不是"白人至上"体系的内在变革。特别是在短暂的进步之后,非白人的生存空间总是会以不同的方式被再度压缩。

本节开头即谈到,当代主流政治哲学普遍享有一种平等主义的承诺。更进一步看,"白(Whiteness)"是一个完整人格的先决条件,它享有一种规范的、社会政治的和本体论意义上的平等。从这个角度来看,"白人至上"作为一种极化体系,它建立在一种独特的本体论之上。这种本体论既根植于社会政治现实中,反过来又塑造了现实,它把有色人种置于一个从属的、自然的道德地位。因此,有色人种为了争取社会承认的人格而斗争,还需要正视这种本体论意义上的种族不平等。

三、种族不平等:经济与政治的视角

种族不正义的突出表现是种族不平等。美国的种族不平等事实是显而易见的,这部分我们主要从经济和政治方面来看待它。

从经济上看,从黑人到白人的不正义的财富转移一直在发生。奥利弗(Melvin L. Oliver)和夏皮罗(Thomas M. Shapiro)在《黑人财富与白人财富》一书中对美国家庭进行了系统调查,通过分析财富统计数据来追踪财富积累的过程、白人与黑人获得财富机会的种族差异,以及由此产生的总体差异对人们生活的影响。最终的结论是,从长远看来,在决定种族平等方面,财富远比收入重要。财富代表过去的历史,代表过去积累的非法优势和劣势。这种在个人、机构、州和联邦等各个层面实施的系统性非法优势,是一种以牺牲黑人为代价,让白人享有特权的政策。人们对财富差异了解得越多，会发现当前美国政策出现的错误就越多。这意味着只要记录、跟踪和分析那些影响黑人和白人各自命运的不同机制（这些机制在今天仍以不同形式继续产生着系统性的种族优势），即使在传统的规范框架内，也可以得出激进的结论。正如他们后来指出的："由于黑人在追求物质自给自足的过程中遇到了阻碍他们的障碍，这种不平等现象就会沉淀下来。一般的白人，尤其是富裕的白人，能够积累资产，并利用他们安全的经济地位将财富一代一代地传递下去。人们往往不承认的是，一些白人的财富积累与大多数黑人的财富匮乏密切相关。黑人有'积累的劣势'，白人有'积累的优势'。实际上，每一种对黑人的偏见和歧视都为白人创造了有利的环境和机会。"①

从政治上看，美国的国家和法律体系并不是凌驾于种族关系之上的中立，在很大程度上，它们本身就是种族剥削和压迫的中介。对美洲的原住民来说，白人的法律构成了其征服话语的重要组成部分。对黑人来说也是如此。在美国历史的大部分时间里，白人至上在法律上是合法的，黑人不是非公民就是二等公民，无法请求联邦政府为他们提供平等的保护。无论是通过合法化的低人一等、被剥夺选举权，还是以群体利益为基础的多数统治，黑人在美国白人政治中已经被系统地征服了几百年。虽然立法层面的抗争成果带来了一定程度的进步，但实质性的种族正义远未实现，更不用提那些官方或非官方的白人暴力在延续白人统治中所起的作用了。因此，只有白人，或者更准确地说，只有白人男性才是所谓

① Melvin Oliver and Thomas Shapiro, *Black Wealth/White Wealth: A New Perspective on Racial Inequality* (London: Routledge, 2006), p.53.

自由民主制度的受益者。在殖民世界，自由民主的面纱背后是白人至上，在这个系统里，有色人种没有权利享有平等的权利和保护、平等的法律对待以及平等的政治参与。相反，正是法律本身造成了对他们的压迫，因为它首先使种族变得更加种族化，并把所有种族继续深深地牵连到维持白人的种族统治中。反歧视法律并没有真正实现种族平等的承诺，美国的刑事司法体系最深刻地揭示了黑人种族在法律面前的不平等是美国法律系统的固有特征，对待白人和非白人的“双标”恰恰是规则本身。

自由民主制度赋予公民投票和竞选公职的权利，然而从历史上看，黑人一直被剥夺选举权。即使之后有了选举权，多数白人的统治也意味着，虽然同为公民，但黑人在选举时处境艰难。正如拉尼·吉尼尔（Lani Guinier）所指出的那样：“多数对少数有种族偏见，以至于多数总是排斥少数，或者拒绝告知自己少数偏好的相对优点，在这种情况下，多数原则是不公平的。这是因为，多数决定原则是合法的这一论断，是建立在两个主要假设之上的，而这两个假设在种族偏见弥漫于多数的情况下并不成立：第一，多数是流动的，而不是固定不变的；第二，少数在未来可能参与执政。”①然而，种族两极化的持续存在推翻了支持多数统治合法性的这两个假设：“种族主义将少数排除在执政联盟之外，这意味着占多数的白人将永远执政下去。因为它排斥少数加入多数的行列，同时使多数同质化，即选民只由白人组成。这种永恒的、同质化的多数显然不代表少数的利益。相反，这样的多数会将少数的利益边缘化或

---

① Lani Guinier, *The Tyranny of the Majority: Fundamental Fairness in Representative Democracy* (New York: The Free Press, 1994), p.103.

完全忽视。因此，选民和立法机构的种族两极化破坏了代表原则，并将其埋没在固定的多数种族之下，从而将多数统治转变为多数暴政。”①美国的少数对多数的服从不是因为观念上的共识，而是因为种族的差异化。

“白人至上”本身就是一种统治制度，白人（不仅仅是白人资本家）都从中受益，并且不仅在生产上受益，而且在几乎所有层面都是如此。那么，如何应对和解决这种经济和政治上的种族不平等？仅仅依靠黑人、少数族裔和群体的社会运动吗？那样至多只是最后在政策上获取一些好处与慰藉。探索种族不正义如何解决，仍有必要回到马克思主义。

四、马克思主义与种族问题

不可否认，在理解种族和“白人至上”等方面，经典的马克思主义理论是不够充分的。虽然马克思主义揭示了资产阶级社会固然实现了形式的平等，但还需要社会革命或无产阶级革命来推翻实际不平等的结构，然而马克思主义的社会本体论是基于阶级的，它没有给种族留下空间。所以，马克思和恩格斯笔下“没有祖国”“不分肤色、信仰和民族”的工人实际上是“白人”。当然，对于这一点我们至多只能说，他们并没有充分意识到有色人种的特殊处境，或者他们只是在那个欧洲种族普遍自认优越的时代，有着与之相同的意识。与之相应，马克思恩格斯建构的社会革命的全球模式首

① Lani Guinier, *The Tyranny of the Majority*: *Fundamental Fairness in Representative Democracy* (New York: The Free Press, 1994), p.103.

先适用于欧洲。

恩格斯在1882年9月写给考茨基的一封关于反殖民斗争的信中有如下一段话："依我看，真正的殖民地，即欧洲移民占据的土地——加拿大、好望角和澳大利亚，都会独立的；相反地，那些只是被征服的、由原住民居住的土地——印度、阿尔及利亚以及荷兰、葡萄牙、西班牙的属地，无产阶级不得不暂时接过来，并且尽快地引导它们走向独立。这一过程究竟怎样展开，还很难说。印度也许会，甚至很可能会闹革命，既然争取解放的无产阶级不能进行殖民战争，那就必须容许它这样做，那时自然不会没有种种破坏，但是，这类事情恰恰是任何革命都免不了的。在其他地方，如阿尔及利亚和埃及，也可能发生同样情况，这对我们来说当然是最好不过的事情。我们在自己家里将有足够的工作要做。只要欧洲和北美一实行改造，就会产生巨大的力量和作出极好的榜样，使各个半文明国家完全自动地跟着走，单是经济上的需要就会促成这一点。至于这些国家要经过哪些社会和政治发展阶段才能同样达到社会主义的组织，我认为我们今天只能作一些相当空泛的假设。"①其中的对比意味深长：一边是"文明的"欧洲白人移民国家，另一边是原住民居住的"半文明"国家，前者已经适合独立，后者则不然。在理想情况下，"半文明"国家应该由"无产阶级"来引导独立。无论是哪一种情况，欧洲人都必须负责引导和确保社会革命事业的顺利进行。

这种概念上的模糊或不敏感为之后的马克思主义者所继承。

---

①《马克思恩格斯文集》第10卷，人民出版社，2009，第480—481页。

比如，虽然列宁已经看到，“资本主义已成为极少数‘先进’国对世界上绝大多数居民实行殖民压迫和金融扼杀的世界体系”①，但在《帝国主义是资本主义的最高阶段》中，“种族”一词只零星出现过。如第八章，列宁引用舒尔采-格弗尼茨对“不列颠帝国主义”的描绘，揭示了帝国主义的寄生性。如果说帝国主义的“功劳”是“教育黑人去劳动”，那么帝国主义的“危险”在于：让欧洲把体力劳动推给“有色人种”，自己则当食利者，从而也就为有色人种的经济解放以及后来的政治解放作好了准备。② 以及在第九章提到“从属民族和种族(subject nations and races)”。③ 可见，种族剥削和压迫是阶级剥削和压迫的众多表现之一，二者是一种从属的关系。种族主义是资产阶级强加给工人阶级的一套思想和价值观，是资产阶级意识形态的一种特殊变体。反种族主义斗争的实质是阶级斗争：“斗争的形式由于各种比较局部的和暂时的原因，可能发生变化，而且经常在发生变化，但是，只要阶级存在，斗争的实质，斗争的阶级内容，是始终不会改变的。”④在经典马克思主义的解释框架里，这种从属关系并没有问题。因为在经济基础和(意识形态)上层建筑的社会解释模式中，阶级是经济基础，种族是意识形态。因此，马克思主义是关于阶级的，而不是关于种族的社会本体论。

面对这种不足，当代马克思主义更应该思考如何对待种族、如何拟定解决种族正义问题的方案。种族的剥削和压迫涵盖的范围

① 《列宁专题文集 论资本主义》，人民出版社，2009，第 102 页。

② 《列宁专题文集 论资本主义》，人民出版社，2009，第 191 页。

③ 《列宁专题文集 论资本主义》，人民出版社，2009，第 196 页。

④ 《列宁专题文集 论资本主义》，人民出版社，2009，第 162 页。

或许比雇佣劳动更加广泛,而且从历史上看,奴隶制、殖民主义和对第三世界的剥夺,对于欧洲的发展和非欧的欠发展是决定性的。因而,种族问题不可化约为阶级问题,更不应机械地将阶级凌驾于种族之上。种族问题本身有其鲜明的特征。我们可以说所有的剥削和压迫都是道德败坏的,但这并不意味着它们道德败坏的程度是一样的。在这个不正义的既定社会里,种族剥削和压迫的相对坏处在一定程度上是一个经验问题,需要通过观察其具体事实和结构来解决。正如马克思恩格斯在《德意志意识形态》里谈到的"现实前提"那样,无论是白人还是非白人,他们都是"一些现实的个人","他们的活动和他们的物质生活条件,包括他们已有的和由他们自己的活动创造出来的物质生活条件",都应该被纳入马克思主义批判资本主义的分析框架里加以考量。①

一个种族正义的社会是什么样的?最直接的回答是,在这个社会里,没有人会因为自身的种族属性而处于不公平的优势或劣势之中。种族并非主要是意识形态的,而是根植于物质结构、社会政治制度和日常社会实践中。我们有必要认识到这个世界的"白"及其影响。只有当种族不正义真正变得不可想象,当人们自觉地拒斥它且不需要进行任何论证的时候,才真正意味着白人不再是白人,世界不再是白色。正如一个正义的社会不能只有一种声音一样,一个正义的社会也不能只有一种肤色。在这个意义上,关注种族正义有助于在我们匆忙地想要改变世界之前,先观察和解释这个不正义的既定世界。如果说白人至上体系不仅在社会结构

---

①《马克思恩格斯文集》第1卷,人民出版社,2009,第519页。

上，而且在精神上和心理上让一群人高人一等，那么这一体系的瓦解就需要以一种社会革命的方式，去结束曾经公开的如今隐藏的、曾经合法的如今仍为事实的种族不正义。

第三节　马克思主义视域中的美国种族主义和黑奴制

因种族主义而引发的冲突已经激起了国内外学界的热烈讨论，而马克思主义学界在面对这一问题时仍然保有必要的谨慎态度。其实，马克思与美国的种族主义、黑奴制曾发生过有限的交集。在其有生之年，与美国直接相关的大事件是美国南北内战，其中牵扯的几个主题包括种族、阶级、黑奴等，但是这些文本和思想还没有得到系统清理。而且它们即便受到关注，也招致不少误解和非议。如国外有学者甚至认为："为了实现理论所要求的科学优雅，马克思把种族、性别、文化和历史扔进了垃圾箱。……他把奴隶劳工和农民一起扔进了由前资本主义、非资本主义和原始积累所代表的想象深渊。"①如此判断显然不甚合理，但这也意味着诸如此类的历史遗留问题仍未得到有效解决。

所谓"历史遗留"，一方面指的是它在美国自身的历史上由来已久，另一方面指在马克思思想的发展史上，他讨论种族、黑奴等问题的定位与要义还未得到合理揭示与提炼。比如：马克思当年如何关注美国内战？如何看待美国社会的种族主义和黑奴制？马

① Cedric J. Robinson, *Black Marxism: the Making of the Black Radical Tradition* (Chapel Hill: The University of North Carolina Press, 2000), p.xxix.

克思之后的激进思想界知识界又如何基于现实斗争来发展黑人研究和运动?它与马克思主义之间有着怎样的张力与差异?当今时代已经将此类问题推到我们面前,我们有必要对之进行回顾与考察。

一、以奴隶制问题为基础的美国南北内战

马克思早年对种族、黑奴要素的关注只有零星几处,如 1846 年马克思在致信安年柯夫时提及黑奴制,再如马克思的经典判断:“黑人就是黑人。只有在一定的关系下,他才成为奴隶。”①直到 19 世纪 60 年代初的美国南北战争时期,他才对北美这个“新大陆”的,也即“一定条件下”的黑奴问题给予了足够的关注,并且把奴隶制问题作为理解内战的基础。下面从三方面加以展开。

第一,进入 19 世纪 60 年代之后,马克思开始意识到奴隶运动、奴隶起义的信号已经发出,非裔美国人作为革命主体的潜能也被他预见性地捕捉到。但一开始因为没有合适的公共渠道表达自己的观点,马克思的讨论基本只出现在他和亲友的来往信件中。1860 年 1 月 11 日左右,马克思在给恩格斯的信中写道:“据我看来,现在世界上所发生的最大的事件,一方面是由于布朗的死而展开的美国的奴隶运动,另一方面是俄国的奴隶运动。”②次年,恩格

① 《马克思恩格斯文集》第 1 卷,人民出版社,2009,第 723 页。

② 《马克思恩格斯全集》第 30 卷,人民出版社,1974,第 6—7 页。1859 年 10 月 16 日,争取黑人解放的美国战士约翰·布朗试图在各蓄奴州掀起奴隶起义,包括他在内的 22 人占领了弗吉尼亚州哈帕尔斯渡口的国家军械库。布朗被捕后最终被绞死。约翰·布朗的起义是美国革命危机增长的一个标志。

斯也谈到已经“变得很有意思”的北美情况:“如果南部人敢于进行这种冒险的赌博,那末奴隶问题想必很不妙。只要北部稍微进行一点游击式的攻击,就足以引起燎原大火。无论如何,奴隶制显然会这样或那样地很快完蛋。”[①]四个月之后,美国南北战争已正式打响,马克思很有先见之明地预测到南方会在战场上取得早期胜利,但最终取胜的将是北方,因为“奴隶革命”是其最后的砝码:“在斗争初期,南部会占优势,那里无产的白人冒险分子阶级成为作战的民军取之不尽的源泉。最后当然将由北部获胜,因为它在需要的时候可以打出最后一张牌——奴隶革命。”[②]马克思在私人信件里已经注意到奴隶问题在美国局势中的重要位置,而且以黑奴为主体的革命可能会左右战争的局势,招募黑人军队或是鼓励奴隶起义,将成为北方联邦最终获胜的关键。

但是战争初期,伦敦的新闻界对这一问题并不敏感,而且还展现出自相矛盾的两副面孔:“它们一方面诬蔑北部的自由州,同时又惴惴不安地防备别人怀疑它们同情南部的蓄奴州。”[③]其实不仅是英国伦敦,整个欧洲的官方舆论都普遍认为南北之间的战争是关税战争,与奴隶制度毫无关系。

第二,为了反驳上述舆论,马克思揭示了奴隶制度与美国内战的本质关联。这场战争是由南方邦联挑起的,南方邦联的目标是让整个北美向奴隶制敞开大门,它自称是为争取国家独立而斗争的一项事业,然而这个独立后的国家实为“一个伟大的奴隶制共和

① 《马克思恩格斯全集》第30卷,人民出版社,1974,第140—141页。
② 《马克思恩格斯全集》第30卷,人民出版社,1974,第596页。
③ 《马克思恩格斯全集》第15卷,人民出版社,1963,第346页。

国”。

马克思强烈反对南方邦联这种极端反动的政治意图，为此他详细说明了北方自1820年以来对南方蓄奴州的各种让步。马克思提到了美国最高法院在1857年如何裁决臭名昭著的德雷德·司各脱案。该案决定，“根据宪法，奴隶主就可以强迫他们的奴隶在各领地内劳动，每个奴隶主也就可以违反垦殖者多数的意志，把奴隶制度带到一直是自由的领地中去”①。接着他又回顾了堪萨斯-内布拉斯加法案，这是在1854年美国国会通过的取消限制奴隶制扩展到西部新开发地区的法案，它取消了美国奴隶制的地理界限，并将新开发地区是否实行奴隶制度交给当地居民或其代表决定。该法案一经通过，“奴隶主的武装特使，密苏里和阿肯色的边境暴徒，就一手执长猎刀，一手执连发手枪，进袭堪萨斯，并且以前所未闻的暴行企图把垦殖者从他们定居的领地上赶走。这些盗匪式的袭击受到了华盛顿中央政府的支持”②。从此，美国奴隶制的扩展不再受到地域的限制，由南部不断推向北部。③

第三，马克思分析奴隶制的最后落点依然在“经济”，即南北斗争本质是作为经济制度的奴隶制与自由劳动制的斗争。马克思意识到，南方的奴隶制实际是一种经济制度。不断扩张领土、不断突破旧有的奴隶制地理界限，是美国蓄奴州的生存规律。然而在这种制度下，无限的扩张欲望与有限的土地很快就会发生矛盾。对

① 《马克思恩格斯全集》第15卷，人民出版社，1963，第350页。

② 《马克思恩格斯全集》第15卷，人民出版社，1963，第352页。

③ 反对该法案、支援堪萨斯的人则于1854年7月组成了“共和党”，可见美国的党争自一开始就内含了种族要素。

于南方而言，如果没有新的领地，那么奴隶本身的繁殖与交易就会受阻，所以他们永远不会同意那些限制奴隶制领土扩张的做法。而且只有通过土地扩张，以及在这个过程中发生的侵略行径，少数寡头奴隶主的利益才可能与“白种贫民”的利益进行“调和”，“把他们的热烈的事业欲引到一个无害的方向，并且用他们自己有一天也会成为奴隶主的希望来羁縻他们”。① 这本质上是以一种意识形态的方式来转移贫穷白人与南方统治阶级的冲突。而当南方统治阶级开始察觉到危机的苗头时，他们决定：与其在四年之中坐等共和党发展和西北部兴起，不如现在就决裂，即分散选票让共和党候选人林肯当选总统，然后以之为借口发动战争。可见，南北战争从酝酿到发动的整个过程都是以奴隶制问题为基础的。

如果南方邦联实现了统治北美的目标，那么对于北方联邦而言，“将不是联邦的解体，而是联邦的改组，是在奴隶主寡头的被承认的控制之下，以奴隶制度为基础的改组”②，其结果将是一种公开建立在“种族”之上的资本主义新形式。在这种资本主义中，白人移民也将会加入底层黑人的行列：“在黑奴制度实际上行不通的北部各州，白种的工人阶级将逐渐降到赫罗泰的地位。这就完全符合了公开宣布的一个原则：只有特定的种族才有资格享有自由；如果最繁重的劳动在南部是黑人的天职，那末在北部它就是德国人和爱尔兰人或他们的子孙的天职。”③所以，南北斗争的实质是“两

---

① 《马克思恩格斯全集》第 15 卷，人民出版社，1963，第 355 页。
② 《马克思恩格斯全集》第 15 卷，人民出版社，1963，第 364 页。
③ 《马克思恩格斯全集》第 15 卷，人民出版社，1963，第 364—365 页。

种社会制度即奴隶制度与自由劳动制度之间的斗争”。①

二、内战的国际意义与马克思对种族和阶级关系的自觉

俄裔美国马克思主义者杜娜叶夫斯卡娅（Raya Dunayevskaya）曾指出：“国际工人联合会，即人们所熟知的第一国际，正是在美国南北战争及波兰起义的影响下，并作为对它们的反应而诞生的。”②但她并没有接着讨论美国内战与第一国际成立这两大事件之间的具体历史与关联。此部分是对这一层关系的梳理。

在第一国际的“协会临时章程”里明确规定：“这个国际协会以及加入协会的一切团体和个人，承认真理、正义和道德是他们彼此间和对一切人的关系的基础，而不分肤色、信仰或民族。”③这充分体现了美国内战对第一国际理念的深刻影响，它把内战的地域性意义提升到国际性意义。而且第一国际成立后不久即向美国发出了三封公开函件（其中前两封由马克思执笔），从这三封信函的内容里我们不难把握到美国内战与第一国际的关系。第一封是马克思起草的祝贺林肯连任总统的函件，这是贯彻第一国际理念的一部分，即工人阶级需要制定自己的对外政策。这封信函让马克思花费了一番心思：“现在要给林肯写公开信，我又不得不来起草（这比写部内容丰富的著作还要困难得多），为的是使适于这种体裁的

① 《马克思恩格斯全集》第 15 卷，人民出版社，1963，第 365 页。
② 杜娜叶夫斯卡娅：《马克思主义与自由》，傅小平译，辽宁教育出版社，1998，第 63 页。
③ 《马克思恩格斯全集》第 21 卷，人民出版社，2003，第 17 页。

作品的词句,至少要同民主派的庸俗词句有所区别。”①公开信不仅代表英国劳工,而且代表国际工人,它不仅涉及奴隶制,还涉及美国内部的种族和阶级的相互作用(特别是白人劳工的种族主义),把被视为美国第二次革命的内战与欧洲工人运动即将出现的高潮联系起来。

第一,马克思表达了欧洲工人阶级对北方联邦的“本能”支持。美国内战给英国带来的直接影响是因棉花供应而引发的经济危机,英国当权派内部发起了对北方联邦的攻击。首相帕默斯顿、外交大臣罗素,以及保守党本杰明·迪斯雷利等人主张在南方进行干预,但受到来自劳工、知识分子以及其他统治阶级成员的反对。英国工人之所以强烈支持北方联邦,不仅因为反对奴隶制,还因为他们认为美国是当时白人男性工人享有完全选举权的民主国家:“英国、法国、德国、欧洲的真正的人民都把合众国的事业看作他们自己的事业,看作自由的事业。……为联邦的继续存在而战就是为反对奴隶制度的继续存在而战,这场战争是迄今为止最高形式的人民自治向有史以来最卑鄙、最无耻的奴役人类的形式作战。”②尽管在1861年底发生了令英国人不快的“特伦特事件”③,但英国的大众舆论普遍反对对美宣战:“对美战争在英国所有社会

---

① 《马克思恩格斯全集》第31卷,人民出版社,1972,第35页。

② 《马克思恩格斯全集》第15卷,人民出版社,1963,第343—344页。

③ “特伦特事件”是美国内战期间发生在美国和英国之间的外交事件。1861年11月美国威尔克斯舰长命令英国邮轮特伦特号停航,并从船上带走了两名南方联盟政府代表,把他们拘留在波士顿。对此英国反应强烈,曾一度试图通过承认南方联盟或对美宣战以对美进行报复。直到美方声明此事并非政府授意,并释放被扣人员后,紧张事态才得到缓解。

阶层的人民中——除了和棉花有利害关系的人以及土贵族以外——是不得人心的，而报刊上的好战叫嚣则震耳欲聋。”①不仅如此，在英格兰、苏格兰或爱尔兰等地还召开了群众集会，抗议报界的战争叫嚣和政府的邪恶阴谋，主张和平解决英美争端。值得注意的是，马克思将这种情况与不久前的克里米亚战争进行了对比：在英国参加克里米亚战争之前，英国工人阶级的反俄、亲波兰情绪导致了全国范围内的“大规模主战集会”，“泰晤士报、邮报以及伦敦报界的其他黄裤奴都哭哭啼啼地要求和平”；而现在，当1862年的建制派媒体“嗥叫着要求战争”，回应它们的却是主张和平的集会，“谴责政府阴谋扼杀自由，谴责政府同情奴隶制度”。② 看来，美国内战期间英国政府的民族主义与民粹主义政策并没有在英国工人阶级大众中发挥作用，其原因在于英国工人阶级相对成熟的政治意识。在英国集会运动的历史上，正因为工人阶级之前在议会中没有代表，所以他们才会积极参加议会之外的大型示威活动，从而对政府施加“外部压力”。这种压力可以有效地影响议会法案的通过与否。而这次英国工人阶级对美国内战的态度令马克思赞赏不已，他们并没有因为自身经济处境的每况愈下而选择迎合政府试图干涉美国内战的心态：“这又一次光辉地证实了英国人民群众的那种坚忍不拔的能力，它是英国强大有力的秘密之所在。”③

第二，马克思为北方白人劳工在内战之前的短浅意识辩护。在战争打响之前，白人劳工不反抗且容许奴隶制在北美存在和蔓

① 《马克思恩格斯全集》第15卷，人民出版社，1963，第454页。
② 《马克思恩格斯全集》第15卷，人民出版社，1963，第464页。
③ 《马克思恩格斯全集》第15卷，人民出版社，1963，第481页。

延,他们在黑人奴隶面前展示着自身作为非奴隶的自由,但实际上白人劳工并没有获得真正的劳动自由。随后的战争已经把白人劳工的这种阻碍进步的意识消除掉了。马克思对美国社会的种族与阶级关系的关注并非心血来潮。1862 年 11 月,林肯领导的共和党在国会选举中受挫,马克思认为失败的原因部分在于当地的种族因素:“纽约市被爱尔兰人的败类腐蚀得很厉害,直到最后仍积极参加奴隶买卖,它是美国金融市场的中心和南部种植场抵押券持有者的巢穴,它老早就无条件地是‘民主党的’了。”[①]马克思早已意识到,美国白人、农民和工人之间的种族主义是影响美国政局的重要因素:“爱尔兰人认定黑人是危险的竞争者。印第安纳和俄亥俄的活跃的农民除了憎恶奴隶主以外,还憎恶黑人。黑人在他们看来是工人阶级被奴役被侮辱的象征,而民主党的报刊也天天恫吓他们,说 nigger(‘黑鬼’)将大批涌进他们州的领土。”[②]

第三,马克思揭示了美国的反奴隶制战争之于工人阶级革命的划时代意义。“正如美国独立战争开创了资产阶级统治的新纪元一样,美国的反奴隶制战争将开创工人阶级统治的新纪元。”[③]这场国家层面的被奴役种族的解放战争以及战后的社会政治重建都是史无前例的,马克思将它们视为即将到来的工人阶级革命与统治的时代先声。两个月之后,时任美国驻伦敦公使的亚当斯部长给第一国际写了一封信,信中提到林肯的积极回应,感谢“他的同胞以及世界上许多人类和进步的朋友”的支持。亚当斯总结道:

---

① 《马克思恩格斯全集》第 15 卷,人民出版社,1963,第 600 页。
② 《马克思恩格斯全集》第 15 卷,人民出版社,1963,第 601 页。
③ 《马克思恩格斯全集》第 21 卷,人民出版社,2003,第 25 页。

“(美国)国族的存在不仅仅是为了它们自己,而是为了通过友好的交往和榜样来促进人类的福利和幸福。正是在这种关系中,美国认为他们目前与维持奴隶制的叛乱分子的冲突是人类本性的事业,欧洲工人的见证也激励着他们坚持下去,国族态度得到了欧洲工人开明的赞同和真诚的同情。”①马克思为林肯对工人阶级热情而客气的回信而感到非常高兴,因为这与他给资产阶级的那种“粗暴而且纯粹是官样”的文章截然不同。②

遗憾的是,第一国际与北美之间看似美好的关联却因林肯的遇刺而动摇。在继任者安德鲁·约翰逊上台之后,马克思为第一国际起草了第二封公开信,信中希望约翰逊领导完成“政治改革和社会复兴的艰巨工作”③,并将他与林肯视为开创劳动解放新纪元的两位伟人。然而这封信函的遭遇却与第一封大相径庭,除了美国驻伦敦大使馆发出敷衍的致谢外,约翰逊本人并未回应。马克思随后便察觉到约翰逊对南方的态度极其动摇。1865 年 9 月,第一国际伦敦中央委员会决定向美国发送第三封公开函件④,这封函件的抬头不是美国总统个人,而是“美国人民”。信的结尾语气强硬,为美国的战后重建提出了忠告:“请允许我们再对你们的前途说几句忠告。……如果你们不给予他们(即黑人)公民的权利,而

① Kevin B. Anderson, *Marx at the Margins: On Nationalism, Ethnicity and Non-Western Societies* (Chicago: University of Chicago Press, 2010), p.111.

②《马克思恩格斯全集》第 31 卷,人民出版社,1972,第 68 页。

③《马克思恩格斯全集》第 21 卷,人民出版社,2003,第 151 页。

④ 该信函的起草者为第一国际的名誉总书记威廉·克里默(William Randal Cremer)。克里默因其在推动国际和平运动、领导英国劳工运动和国际工人协会等方面的突出贡献,于 1903 年获诺贝尔和平奖。

要求他们履行公民的义务，那么你们就会继续为未来而斗争，这可能会再次用你们人民的鲜血玷污你们的国家。欧洲和全世界的目光都注视着你们为重建所做的努力，而敌人时刻准备着，只要有一点点机会，就会敲响共和制度的丧钟。”①如今看来，这些忠告仍然具有警示意义。“二战”后的 20 世纪 50 年代至 70 年代，美国爆发了黑人民权运动，其根源可以追溯至 19 世纪内战后的“重建”，美国没能果断处理奴隶制的遗留问题（黑人的公民权），黑人抗争的事实也应验了上述引文里的预判——“再次用你们人民的鲜血玷污你们的国家”。

本质上看，马克思与第一国际都具有世界历史视野，其关于工人革命与人类解放的信念跨越了民族的、种族的、肤色的界限。但是美国的内战与重建最终还是落入了党争政治的漫长征途，面对民主党人约翰逊对南方邦联的妥协与宽容，美国激进的共和党人寻求更强有力的重建政策，他们在 1866 年的国会议员选举中获胜，国会通过了第 14 修正案，但事实上黑人的权利并没能在美国的重建中得到真正实现。随着第一国际的重心始终放在欧洲，马克思也把视野从大西洋的彼岸拉回到此岸。不可否认，马克思关注的是美国“内战”的种族、奴隶、肤色等因素，而对“重建”的美国则并未过多论及。他没有对美国战后的社会政治重建给予足够的关注，也没有对种族与阶级等问题的发展变化作更加细致的考量。

---

① Kevin B. Anderson, *Marx at the Margins: On Nationalism, Ethnicity and Non-Western Societies* (Chicago: University of Chicago Press, 2010), p.113.

三、马克思主义与黑人激进主义的张力与界分

马克思之后的马克思主义界、左派思想界知识界对种族、奴隶、黑人等主题的讨论并不多,而且受到的关注也有限。这一方面是因为,在西方知识左派充满各种术语创造的言论中,“种族”很少受到关注;另一方面,黑人左派自身的力量不够、组织性低,以至于无法培养和维持一种相对高层次的批判交流。在20世纪的美国,与现实的黑人运动相适应的是黑人激进主义的形成。然而,这种基于具体实践的理论推进并不能简单地冠以“马克思”或“马克思主义”之名,其中需要我们进行细致谨慎的界分。黑人激进主义可能分享了马克思主义的某些要素,但黑人激进主义不等于马克思主义,其中有几个基本问题需要澄清:黑人激进主义是否完成了对经典马克思主义的超越?这一激进主义与马克思主义的差异何在?其自身的限度又该如何划定?下面从黑人激进主义的若干特征出发展开讨论。

第一,黑人激进主义独特的社会基础导致了对马克思主义的误解。对于20世纪的黑人激进分子来说,马克思主义的一个标志性特征是其明显的普遍主义。不像19世纪主流的历史论述,历史唯物主义受到了国际性和科学性的双重影响,超越了德国民族主义、英国帝国主义、白人种族主义等思想的狭隘与偏激。但是在黑人激进者看来,马克思主义的国际性并不等于全球性,而且它对文化和社会力量的解释不够充分,尤其它的经济决定论可能导致政治上的妥协。对于黑人激进分子来说,关于黑人历史与当下的讨

论离不开一定的社会基础，这些社会基础主要由西印度群岛的农民、北美的佃农和雇工、非洲殖民地种植园的强制劳工等组成。他们认为，对于这些在世界经济史上残酷的、特殊的现象，马克思主义并没有过多涉及，这暴露了马克思主义理解现代世界的短板。与之相反，黑人激进主义是几代黑人经过斗争而积累起来的集体智慧，其中“种族”至高无上：“种族是它的认识论，是它制定秩序的原则，是它的组织结构，是它的道德权威，是它关于正义、商业和权力的经济学。”①总之，黑人激进主义从种族对立中提炼出来，过去积累的传统不可避免地转变为一种激进的力量，黑人斗争的目的最终演变为推翻整个以种族为基础的结构。在对这些斗争的研究中、在与这些斗争的接合中，黑人激进主义开始出现和成长。

然而我们发现，黑人激进主义从诞生开始就已经陷入死胡同，即单薄的理论基础很难使其说服不同意见者。人们对美国内战之后黑人参与重建美国的态度，明显地受到他们自身种族意识的影响。但马克思主义则不同，它是科学的革命的。在最根本的层面，黑人激进主义对于唯物史观还没有形成足够的理论自觉。在马克思主义宏大的人类解放图景里，种族只是一块重要的拼图。如果是马克思恩格斯本人来思考黑人的解放问题，那么对于黑人自身历史的把握，他们的立足点必然是这个时代的社会经济结构也即所谓经济基础，而后才是位于上层的政治与精神层面的黑人抗争。而且，黑人的斗争乃至革命只是世界革命的一部分，要是没有社会革命作为最高旨趣，那么黑人自身就不能从被奴役被压迫的状态

① Cedric J. Robinson, *Black Marxism: the Making of the Black Radical Tradition* (Chapel Hill: The University of North Carolina Press, 2000), p.xxxi.

中真正解放出来。

第二,非洲中心论的激进化。黑人研究和运动的支持者普遍认为,主流的美国或白人研究基于欧美的世界观,这些研究产生了以欧洲为中心的社会现实观,这种观点反过来又强化了欧美白人在全球的主导地位。在这一背景下,黑人激进主义的首要任务是发展一种以非洲为中心的替代视角,从非洲的世界观出发,提出问题并根据非洲人的经验制定相应的回答。例如,美国著名的黑人知识分子、活动家杜波依斯曾认为黑人大学应该建立在了解非洲历史和美国黑人历史的基础上。杜波依斯于1935年出版的代表作《美国的黑人重建》即是以非洲为中心、从黑人视角出发去分析美国内战后的重建,它驳斥了主流的白人至上主义解释,赞扬了非裔美国人在那个动荡时期所作出的贡献。

对此我们必须承认,随着时代的变化发展,黑人激进主义面对的现实问题显然与马克思当年面对的现实问题不同,因此在具体战术上,允许且要求其有不同程度的调整乃至创造。在这一意义上,非洲中心论就是这样一种创造。"以非洲为中心"作为思想的一种品质,它植根于非洲人民的利益,本质上它是一种取向,而不是一种教条。但是问题在于,黑人知识界往往过度执着于从具体的反抗与斗争中去提炼理论,而不是以科学和严谨的理论去指导实践。换言之,在黑人激进主义那里,"世界性的革命"这一马克思主义经典的共产主义革命战略设想,依然没能与地域性、民族性、种族性的抗争有效地结合起来。

第三,对欧洲文明与资本主义起源的种族化处理。比如塞德里克·罗宾逊在其著作《黑人马克思主义》中就把"种族资本主义"

从一种特定制度的描述发展成为理解现代资本主义一般历史的概念。在我们看来,“种族资本主义”理论将马克思关于黑奴制历史必然性的观点彻底化了。1846 年 12 月 28 日,马克思在给俄国朋友安年柯夫的信中指出了黑奴制之于北美进步发展的重要性:“奴隶制是一个极为重要的经济范畴。没有奴隶制,北美这个最进步的国家就会变成宗法式的国家。只要从世界地图上抹去北美,结果就会出现混乱状态,就会出现贸易和现代文明的彻底衰落。但是,让奴隶制消失,那就等于从世界地图上把美国抹去。可见,正因为奴隶制是一个经济范畴,所以奴隶制从世界开始存在时起就在各个民族中存在。”①罗宾逊之所以称资本主义是“种族的”,是因为他认为种族主义已经在西方社会里充分渗透了。欧洲产生的第一批无产阶级就是各个种族的,而现代欧洲民族主义完全与种族主义神话联系在一起,所谓“Herrenvolk”(优等民族)的意识形态,即是德国对中欧和斯拉夫领土的殖民,它解释了一些欧洲人被其他欧洲人统治的必然性和天然性。

第四,种族与阶级要素的日益分离甚至尖锐对立。这一现象的历史背景是美国奴隶制的解体与帝国主义的出现,美国的重建是世界资本主义体系发展的历史性时刻。杜波依斯对此揭示道:“美国奴隶制的废除开启了资本从白人国家向奴隶制盛行的黑人国家的转移,给世界上的劳工阶级带来了我们今天所看到的巨大而可怕的后果。”②当美国进入垄断资本主义的新阶段,杜波依斯并

① 《马克思恩格斯文集》第 10 卷,人民出版社,2009,第 49 页。

② W. E. B. Du Bois, *Black Reconstruction in America, 1860–1880* (Cleveland and New York: The World Publishing Company, 1969), p.48.

没有把这个过程看作生产方式和生产关系之间矛盾的必然结果,而是种族主义意识形态导致的结果,它阻止了一场强大的劳工运动在美国出现。内战后的工人并没有走向一个新的历史阶段,即工人专政。虽然马克思在1866年曾经兴奋地写道:"北部的工人终于清楚地理解到:在黑人的劳动被打上屈辱的烙印的地方,白人的劳动也永远不能解放。"①但事实上美国工人的阶级意识还不成熟,这既因为北方工人运动主要由工团主义指导,还因为南方工人尚不具备生产集中的特征。

尽管在1886年美国爆发了具有世界历史意义的"五一"总罢工,但是这次总罢工很难说是有计划、有组织的。大量黑人和白人劳工从南方移居到北方,前者是为了摆脱奴隶制度,后者是为了摆脱贫穷和战争带来的破坏。南方社会内部的矛盾在推动着历史发展。内战后的重建亟需一种与过去不同的秩序来将不同种族的工人整合到一场政治运动中。然而这些并没有发生,反倒是种族意识压倒了阶级意识:"荷包鼓鼓的改革家与种植园主结盟,并达成共识,要求降低税收,消除贪污腐败。黑人选民开始支持这项计划,但由于不信任而有所限制。他们担心种植园主还在计划剥夺他们的选举权。如果这种恐惧能够消除,那么南方黑人的投票权就一定会逐渐走向改革。所有阶层的贫穷白人担心的就是这种意外情况。对他们来说,这意味着重新确立他们在奴隶制时期遭受的黑人劳动的从属地位。因此,他们用暴力来干预,以增加南方种植园主阶级和代表军事独裁和资本的北方人之间的天然对立,也

① 《马克思恩格斯全集》第31卷,人民出版社,1972,第539页。

增加了黑人对种植园主可能试图重新奴役他们的恐惧。”①因此，贫穷的白人会急切地想尽一切办法来制止黑人的要求。此外，黑人立法者提出的从根本上改变土地所有权的建议直接挑战了经济基础，南方统治阶级在被战争削弱之后，选择利用尖锐的种族意识来招募贫穷白人作为盟友。

美国重建的历史并没有按照第一国际所设想的那样发展，美国的现实决定了当地社会无论如何都抹不掉种族主义的印记。正是在种族主义意识形态的干预下，工人革命的阶级意识始终无法走向成熟，这也导致了黑人运动往往容易为党争所裹挟。经过20世纪美国的民权运动之后，黑人精英意识到自己无法脱离整个黑人群体，同时也意识到他们必须代表黑人群体去争取政治利益，这在总体上促进了黑人权利的获得。但另一方面，一旦黑人运动陷入了党争政治的圈套，那么它很快就会失去自身的革命性。而且现实也表明，大多数运动只是沦为单纯的暴力宣泄。黑人运动基本上无力与西方的党争政治抗衡，它们或是被利用，或是遵从西方政治的游戏规则而为选票服务。大部分参与黑人运动的群众也不具备如当年英国工人阶级的那种相对成熟的政治意识，他们可能会有意无意地迎合党争，而不是在一些政客的诱惑下保持某种必要的沉默。

毋庸置疑，马克思本人对种族、黑人等主题的探讨是有限的，难称系统化、理论化，而且在非欧社会的具体研判方面也给后世留

① W. E. B. Du Bois, *Black Reconstruction in America, 1860–1880* (Cleveland and New York: The World Publishing Company, 1969), p.623.

下了很大的发挥空间。所以,在迄今为止的发展过程中会产生许多对马克思思想的主观理解与阐释。对于这些发展我们应批判地看待,即不是简单地否定或摒弃这种略显另类的黑人激进主义,而是肯定其意义,因为这是在回应黑人具体斗争的现实中所形成的思潮,它承载着被压迫被奴役的黑人的反抗诉求。从人之解放的角度来看,这是值得尊敬的。但是,要注意让马克思主义与所谓黑人马克思主义、黑人激进主义等保持足够的距离。不可否认,他们之间具有一定的相关性,但更关键的是把握根本差异。对于那些没有达到马克思主义理论高度和原则高度的激进主义及其实践,马克思主义学者需要基于经典与正统去澄清其中的差异。而且进一步看,时代也要求我们从马克思主义的基本立场、观点与方法出发去续写欧洲社会之外的、世界性的历史批判。

第三章 资本主义与殖民主义

在资本主义的发展史上,殖民主义发挥了重要的作用。对于殖民地人民而言,这是一段征服、暴力与痛苦交织的历史;对于殖民者而言,这似乎也成了一段需要不断加以掩盖或粉饰的历史。从殖民视角切入资本主义批判是后殖民研究的特征,然而局限在文化领域也成为后殖民研究无法深入社会历史现实的一大表征。在这一意义上,马克思对殖民主义的批判仍然有其当代的价值。

第一节 后殖民研究的前提批判

当今世界绝大多数殖民地都实现了形式上的去殖民化。很多国外学者(特别是有色人种学者)不再以殖民主义为批判对象,而是逐渐转向后殖民研究,延续着对资本主义及其世界霸权的批判。然而我们稍加观察即会发现,这类批判大多只是圈定在文化研究或文化批评的学域里,并不具备足够的物质力量或实践力量。或者说,反抗资本主义社会的现实运动与后殖民研究的关联度不高,可能不如反种族主义、女权主义等。这一略显尴尬的现象,促使我们对后殖民研究本身进行批判性的审视,尤其需要探讨在后殖民研究的前提性上可能存在的一些缺憾。

一、殖民主义、帝国主义与后殖民主义

我们首先需要进行相关概念的辨析。与后殖民研究直接相关的概念有后殖民主义、殖民主义、帝国主义、资本主义等。这些概念之间的区别有时候是模糊的。从历史发展的角度,我们先看殖民主义。

殖民主义指的是取得对另一个国家的全部或部分政治控制权,与定居者一起占领并在经济上剥削它的政策或做法。殖民主义在世界各地并不是一个完全相同的过程,但在任何地方,它都把原住民和新来者(或外来者)卷入人类历史上最复杂和最痛苦的关系中。这种意义上的殖民主义不仅仅是欧洲列强从16世纪开始向亚洲、非洲或美洲的扩张,它是人类历史上一个反复出现和广泛存在的特征。但是,早期因征服而实现的疆域扩大与欧洲资本主义兴起之后的世界市场形成之间,究竟有怎样的差异?近现代殖民主义不仅从被征服的国家榨取贡品、商品和财富,而且还重组了后者的经济,使被殖民国家与殖民国家陷入一种复杂的关系,二者之间存在着人力资源和自然资源的流动。这种流动是双向的:奴隶、契约劳工以及原材料被运送到大都市或其他地方制造商品以

供大都市消费，但殖民地也为欧洲商品提供了垄断市场。奴隶们从非洲迁徙到美洲，在西印度群岛的种植园里，他们生产糖供欧洲消费，原棉从印度运到英国制成布料，然后再卖回印度，印度自己的布料生产因此受到影响。然而，无论人力和物力流向何方，利润总是回流到所谓“母国”。而且最重要的一点是，欧洲殖民主义利用各种技术和统治模式造成了世界性的经济不平衡，这是欧洲资本主义和工业发展所必需的因素。因此，在这一意义上我们可以说，殖民主义是帮助欧洲资本主义诞生的助产士，换言之，没有殖民扩张，欧洲不可能发生向资本主义的过渡。

殖民主义和帝国主义经常被交替使用。帝国主义指的是通过殖民、武力或其他手段来扩大国家权力和影响的政策。在 20 世纪早期，列宁将“帝国主义”一词与资本主义发展的特定阶段联系起来，赋予了它新的含义。在《帝国主义是资本主义的最高阶段》里，列宁认为，西方国家的金融资本主义和工业发展创造了巨大的资本过剩。这些钱不可能投资在劳动力有限的国内。殖民地缺乏资本，但有丰富的劳动力和人力资源。列宁预言，在适当的时候，世界其他地区将为欧洲金融资本家所吸收。由此形成的全球体系被称为“帝国主义”，它构成了资本主义发展的一个特殊阶段，也即列宁认为的“最高”阶段：“如果必须给帝国主义下一个尽量简短的定义，那就应当说，帝国主义是资本主义的垄断阶段。这样的定义能包括最主要之点，因为一方面，金融资本就是和工业家垄断同盟的资本融合起来的少数垄断性的最大银行的银行资本，另一方面，瓜分世界，就是由无阻碍地向未被任何一个资本主义大国占据的地区推行的殖民政策，过渡到垄断地占有已经瓜分完了的世界领土的殖民政策。”①

正是根据列宁的这一界定，许多人认为资本主义是殖民主义和帝国主义的区别。从这个意义上说，帝国主义不需要直接的殖民统治，因为依赖和控制的经济和社会关系确保了足够的劳动力以及欧洲工业和商品的市场扩大。我们有时也会用“新帝国主义”或“新殖民主义”来描述这些情况。而且，正如欧洲工业和金融资本的增长最初是通过殖民统治所实现的那样，我们也可以认为，帝国主义实是殖民主义的最高阶段。在现代世界中，“殖民主义”可以包含不同的内容，如占领领土、侵占物质资源、剥削劳动力和干涉另一个地区或国家的政治和文化结构以及作为一个全球体系的帝国主义等。

反过来看，帝国主义和殖民主义的关联使帝国主义本身在经济和政治方面带有很大的模糊性。如果帝国主义被定义为一个帝国统治被殖民国家的政治体系，那么被殖民国家的政治独立也标志着帝国主义的崩溃与结束。然而，如果帝国主义主要指渗透和控制其他国家和地区市场的经济体系，那么帝国主义基本上不会受到政治变化的影响，甚至这个术语可能被重新定义，如“美帝国主义”，它在全球范围内行使巨大的军事和经济力量，但对于其他国家和地区没有直接的政治控制。

帝国主义与殖民主义的关联使“后殖民(post-colonial)”一词的含义变得复杂。一般地理解，因为殖民主义时代已经结束，那些曾经被殖民的人民的后代们散居在世界各地，那么如今的整个世界

---

①《列宁专题文集 论资本主义》，人民出版社，2009，第175页。

都可以视为后殖民时代。然而事实并非如此。

后殖民的前缀“post-”暗示了两种意义：一种是在时间上处于“之后”，另一种是在意识形态上实现了“更迭”。比较多的批评集中在第二种意义，如果殖民统治所导致并遗留至今的不平等没有消除，那么宣布后殖民对殖民的更迭或许为时过早。一个国家或地区可能既在形式上独立而是“后殖民”的，也在经济上或文化上依赖而是“新殖民”的。因此，我们既不能忽视形式上去殖民化的重要性，也不能忽视殖民统治的不平等关系被重新定义为当代普遍存在的第一世界国家和第三世界国家之间的不平衡事实。

其实第一种意义，即时间上的“后”也存在问题。“后殖民”需要面对的首要问题是：“后殖民”究竟是什么时候开始的？我们知道，形式上的去殖民化大约跨越了三个世纪（从 18 世纪经 19 世纪到 20 世纪），在美洲、澳洲、非洲等地有着不同的开端。这表明，殖民主义受到了不同的挑战，殖民地人群受压迫的方式和程度也不尽相同。在拉丁美洲、澳大利亚或南非的部分地区，白人定居者组成了自己的独立国家，这些地区的去殖民化政治与那些原住民推翻欧洲主人的社会动态是不同的。因此，“后殖民”不仅不足以定义那些曾经被殖民的国家的当代现实，而且在指向一个特定的历史时期方面显得不确定。

进一步看，“后殖民”还可能使社会、种族、人群的差异变得模糊，比如美国人对殖民者的反抗与非洲或亚洲地区的反殖民斗争截然不同。这使得我们需要重视“后殖民”内部的裂痕和分歧。实际上，反殖民运动很少能代表一个被殖民国家的所有人民的利益，即便在独立之后，人民内部的裂痕和分歧也无法被掩盖。因此，对于后殖民的理解最好要与形式上的去殖民化相脱离。

那些生活在曾经被殖民的国家的人们或许仍然受制于殖民主义带来的压迫,被压迫人民的生活不能用单一的历史来解释,而是必然需要导向历史的多样性。在这一意义上,仅仅把“后殖民”视为字面上的殖民主义之“后”的产物是不够的,后殖民需要同时面对殖民统治和殖民主义的遗产。这不仅意味着,那些因西方殖民而在空间上转移的人群即便生活在富裕繁华的大都市,也仍然是“后殖民”的主体,而且意味着,后殖民研究需要将反殖民的历史与当代反帝国主义和西方主流文化的实际结合起来。后殖民的主体性不是指殖民之后的主体性,而是指反对帝国主义—殖民主义,也即反对从属与臣服的话语和实践的主体性。

二、后殖民的空间差异与“殖民”历史的单一性

从历史上看,对殖民统治的反抗一般以各种形式的民族主义斗争为先锋,但是这些斗争并不能为处理当代世界秩序中的不平等提供令人满意的前景。事实上,后殖民世界中的许多人对那些试图在形式上去殖民化的力量和话语持怀疑态度。所以,我们不仅要问“后殖民”何时开始,还要问在哪里可以找到“后殖民”。这就涉及“后殖民”的空间差异。

生活在西方的“少数民族”和生活在第三世界国家的人民可能都经历了殖民剥削的历史,也可能有共同反对殖民统治的遗产,但是他们的历史和当代状况不能简单合并。例如,非裔美国人和南非黑人可能都在致力于重建他们的文化,但是非裔美国人和南非

黑人在各自地方的地位实际上是不同的。所以,反殖民的立场扎根于特定的历史之中,不能被瓦解成某种纯粹的对立本质,它还取决于殖民统治的性质。许多后殖民研究的作品都强调“混合”“分裂”和“多样性”等类似的概念,但是它们确实很难兼顾不同种类的殖民情况之间的差异,因而也很难兼顾在那些生活已经为殖民统治所重组的人群之间的诸如阶级、性别、地点、种族、种姓及意识形态等因素的作用差异。

殖民的历史提醒我们,西方殖民主义不可能是单一的行动,从一开始它就部署了多种控制和表现的策略和方法,因而欧洲关于“他者”的论述也是多变的。但是总体上看,殖民行动在世界各地产生了类似的不平等和统治关系,所以人们有时会忽视殖民主义在空间上有着巨大的差异。这种空间差异维度的忽视与“后殖民”一贯的对立立场有关。当对立占据主导地位,那么后殖民自然就带有一种瓦解空间差异的效果,使所有殖民空间的特殊性都变得模糊。此外,作为一种对立立场,“后殖民”指的是受压迫的或持不同意见的特定群体或个人,而不是某一空间或地方的秩序。这是后殖民研究经常被指责的一点。因为它把焦点从地方和空间转移到个体及其主体性,这直接导致后殖民成为可以形容任何地方的一种模糊状态。深究起来,造成这一情形的其实不在于后殖民的“后”,而在于后殖民的“殖民”。

对“后殖民”社会的分析往往带有殖民主义是这些社会唯一的历史的感觉。殖民统治之前发生了什么?哪些本土的意识形态、做法和等级制度与殖民主义并存并与之互动?殖民主义并没有把自己刻在一块白板上,因此它不能解释存在于“后殖民”社会中的一切。任何一种被我们认为是后殖民文化的食物、音乐、语言或艺术,都会让人想起早期的历史或文化的阴影,而这些都与“殖民”一词无关。比如,斯皮瓦克(Gayatri Spivak)曾认为,前殖民的文化不是我们可以轻易恢复的东西,对过去的怀念可能不利于我们在帝国主义批判中探索社会现实。前殖民时期总是被殖民主义的历史改写,我们很难从殖民主义的历史中分离出社会的原始形态。殖民列强对“第三世界”的“世界化”是不可逆转的世界历史,这是一种侵犯,也是一种创造,因此她反对将曾经的殖民社会浪漫化。[①] 后殖民社会的一些知识分子和第一世界的一些学者可能持有歌颂前殖民历史或将本土文化浪漫化的倾向。虽然对“本土”的关注是必要的,但它也可能导致一种相反的简化,即“第三世界”被视为一个完全由其与殖民主义的关系所界定的世界。如此一来,它自身的历史消失不见,殖民主义成为决定性的。而事实上,在当地漫长而复杂的历史中,殖民主义或许只是一个小插曲而已。

可见,只有当我们谨慎地和有条件地使用“后殖民”“后殖民主义”等术语时,它们才是真正有效的。比如,我们之所以会使用“后殖民”一词,是因为它指的是从整个殖民症候中脱离出来的过程,这种殖民症候有多种形式,成为许多地方的标签,它对于所有那些生活在其中的人们来说或许是不可避免的。在这个意义上,“后殖民”是且应该是一个描述性的而非评价性的术语。作为一个描述性的术语,后殖民确实向世人展现了某种自殖民时代延续至今的

---

① Gayatri C. Spivak, “Can the subaltern speak?”, in Cary Nelson and Lawrence Grossberg(eds.), *Marxism and the Interpretation of Culture* (Basingstoke: Macmillan Education, 1988), pp.271-313.

不平等或压迫关系。然而需要注意的是，在实践中这种关系是高度可变的，因为它总是与其他经济、社会、文化和历史因素紧密相连。

因此，现实中后殖民在世界各地的运作方式可能是截然不同的。比如，美国的后殖民主义与印度的后殖民主义完全不同，它自身包含着巨大的多样性，美国是世界上领先的帝国主义力量，但它曾经在有限的意义上也是反殖民的力量。强加对殖民和去殖民的单一理解实际上会消除类似的分歧。尽管“后殖民”一词可以表明全球范围内的具有一些共同特征的一般过程，但如果把它从特定地点和空间连根拔起，那么“后殖民”就无法进行有意义的研究，而只能流于“标签化”的命运。

三、全球化、帝国与后殖民的未来

随着现代社会进入 21 世纪，因恐怖主义、种族主义、极端民族主义等因素而触发的世界变局使我们比以往任何时候都更难简单地将当今世界视为“后殖民”的世界，相应地，世界各地的反殖民运动和后殖民研究所提出的统治和抵抗问题，也比以往任何时候都更加迫切。变局乃是全球化现象的一部分，它为检验后殖民视角与我们现在所居住世界的相关性提供了新的依据。全球化似乎从根本上改变了世界，许多支持者和批评者都认为，它已经使一种以欧洲殖民主义的历史和遗产为焦点的批评和分析变得过时，继续根据欧洲殖民主义或去殖民化的动态来定义当今世界已变得无甚意义。换言之，不能用在后殖民研究中如此重要的“边缘”和“中心"等概念来分析全球化,因为今天的经济、政治、文化和身份等等都可以用跨国网络、区域和国际流动以及地理和文化边界的消解来更好地描述。

在这一意义上,后殖民研究面临着不确定的未来。它需要发生某种改变,这种改变是与它所面对的当代全球格局变化直接相关的。对于当代全球格局变化的概括恐怕不能绕开哈特(Michael Hardt)和奈格里(Antonio Negri)的著作——《帝国》。正如书名所示,当代全球秩序产生了一种新的主权形式,即"帝国"。他们认为,凭借帝国概念,我们能够理解某种与帝国主义完全不同的东西,现代帝国主义的衰落之时正是帝国的兴起之时:"与帝国主义相比,帝国不建立权力的中心,不依赖固定的疆界和界限。它是一个无中心、无疆界的统治机器。在其开放的、扩展的边界当中,这一统治机器不断加强对整个全球领域的统合。帝国通过指挥的调节网络管理着混合的身份、富有弹性的等级制和多元的交流。帝国主义的世界地图明显的民族国家色彩,已经被合并、混合在帝国全球的彩虹中。"①

《帝国》认为,旧帝国主义世界的特点是在帝国主义列强间存在着竞争和冲突,而在今天的新秩序里,"竞争和冲突已为一种单一力量的思想所替代,这种思想控制、决定了它们的全部,赋予它们一致的结构,并以一种普遍的、后殖民和后帝国主义的权利观对待它们"②。哈特和奈格里并不认为美国是这种新的力量,尽管他们确实认为,帝国是通过美国宪法的全球扩张才得以诞生的,它试

① 哈特、奈格里:《帝国》,杨建国、范一亭译,江苏人民出版社,2008,第2—3页。

② 哈特、奈格里:《帝国》,杨建国、范一亭译,江苏人民出版社,2008,第10页。

图将少数人纳入主流，而不是简单地驱逐或排斥他们。当代帝国是帝国式的，而非帝国主义式的，因为它不像过去的强国势力那样在封闭的空间里扩张，旨在侵略、摧毁，把国家主体并入自己的主权之中，而是把它们吸纳进一个新的国际网络。因此，尽管美国对于帝国而言很重要，但是，“帝国只能被构想为一个普遍的共和国，是构建于无边界、容纳性建筑中的由权力和反制权力组成的网络。帝国的扩展同帝国主义扩张毫无瓜葛，同为了征服、掠夺、种族屠杀、殖民和奴役而设计出的国家机构也毫无关系。同帝国主义不同，帝国扩展、巩固着权力的网络模式。当然，当我们历史地考虑帝国进程时，我们可以清楚看到帝国的扩展运动中也浸透着鲜血和眼泪，但不光彩的历史仍不能否定帝国扩展同帝国主义扩张两个概念之间的区别”①。

这部著作的问世受到了极大关注，并引发了关于当代全球权力的动态以及如何挑战它的激烈讨论。维拉斯尼·库班（Vilashini Cooppan）认为，帝国的提出，使得我们精确分析当代美帝国主义及其在当代世界中的位置变得愈发困难。② 奥布莱恩（Susie O'Brien）和赛曼（Imre Szeman）认为，将美国的政治和文化力量描述为全球主导力量，会削弱我们对全球化时代权力场域和模式的更深入研究，哈特和奈格里的“帝国”重新定义了全球化，使全球化不再是过去的中心与边缘的互动，中心与边缘的模式阻碍了后殖民

① 哈特、奈格里：《帝国》，杨建国、范一亭译，江苏人民出版社，2008，第 165 页。

② Vilashini Cooppan, “The Ruins of Empire: The National and Global Politics of America's Return to Rome”, in Ania Loomba, Suvir Kaul and Matti Bunzl, et al(eds,), *Postcolonial Studies and Beyond* (Durham: Duke University Press, 2005), pp.80-100.

研究对当代权力运作的分析。[1] 还有其他的批评者认为,地缘政治意义上的中心和边缘并没有消失,全球化加剧了既有的全球不平等,尤其是那些由现代殖民主义所造成的不平等。布伦南(Tim Brennan)注意到,《帝国》几乎没有提到过去的帝国所遗留下来的真实民族和历史,"在书中关于诸众、生命政治控制和创造替代价值等宏大论题的讨论里,几乎对今天的殖民地只字不提"[2]。尽管如此,哈特和奈格里还是指出了全球化不仅改变了压迫的本质,而且实际上将促进来自世界各地的全球"诸众(multitude)"的抵抗。资本、产业、工人、商品和消费者的全球流动消除了早期的等级制度和不平等,使国家及国家之间的关系得以民主化,并以某种形式渗透到社会的各个部分。

这些主张也得到了许多文化批评家的认同,譬如,在阿帕杜莱(Arjun Appadurai)的《宏大现代性》一书中,多重地方性、新的杂糅、新的交往形式、新的食物、新的衣服及新的消费模式都被当作全球化的新奇与有益的证据。[3] 吉坎迪(Simon Gikandi)认为,尽管全球化或许会使后殖民研究的术语变得过时,但是全球化所带来的彻底新奇实际上是通过挪用后殖民研究某些关键术语(如杂糅、差异等)而表现出来的:"现在就认为代表新全球文化的形象和叙事与全球结构有关,或者认为新全球文化的形象和叙事与过去的

---

① Susie O'Brien and Imre Szeman, "The Globalization of Fiction/the Fiction of Globalization", *South Atlantic* Quarterly, no.3(2001): 603-626.

② Tim Brennan, "The Empire's New Clothes", *Critical Inquiry*, no.29(2003): 338.

③ Arjun Appadurai, *Modernity at Large: Cultural Dimensions of Globalization* (Minneapolis and London: University Of Minnesota Press, 1996).

认同形式无关,还为时过早。换句话说,我们没有理由认为这种形象的全球流动与社会或文化关系的转变是一致的。"①这种一致性正是许多类似《帝国》的讨论全球化的作品所关注的。尽管全球化的倡导者认为新的经济秩序已经为人类带来了更好的生活,但哈特和奈格里认为:"通往帝国的道路和全球化的进程对自由的力量提供了新的可能性。"②

然而这样一种新的可能性如何面对种族主义问题?在哈特和奈格里看来,帝国时代的种族主义理论结构也相应地发生了变化,"现在种族主义的基本轮廓已越来越难辨认"③。而且从去殖民化斗争、民权运动等历史看来,种族主义似乎在稳步退场,但事实上种族主义在广度和深度上都在前进,因为它的形式和策略改变了,这一改变基于种族主义理论基础的转变,即由生理基础转向文化基础。

哈特和奈格里认为:"最主要的现代种族主义理论及与之共生的隔离行径都是围绕着种族间生理差异这个核心。血缘和基因支持起肤色差异,使它成为种族差异的实际内容。……帝国式种族主义理论同意种族并不构成可分隔的单位,自然也不可划分为不同的人类种族。它也同意个人的行为、能力及性格倾向不是血缘和基因的结果,而是由个人所属的,由历史决定的文化所决定。"④在这种文化种族主义的影响下,原本坚固的族群分界也变得

---

① Simon Gikandi, "Globalization and the Claims of Postcoloniality", *The South Atlantic Quarterly*, no.3(2001): 632.

② 哈特、奈格里:《帝国》,杨建国、范一亭译,江苏人民出版社,2008,第5页。

③ 哈特、奈格里:《帝国》,杨建国、范一亭译,江苏人民出版社,2008,第186页。

④ 哈特、奈格里:《帝国》,杨建国、范一亭译,江苏人民出版社,2008,第187页。

模糊起来:“固定的、生理性的民族观趋于消融,化为一个流动的、无定形的民族。当然,各种冲突和抗争之线纵横贯穿其中,但其中任何一条也无法成为固定的、永久的分界。”①

哈特和奈格里在这里提到巴里巴尔(Etienne Balibar)关于“新型种族主义”的文章《存在一种新型种族主义吗?》②。相较于哈特和奈格里的相对乐观的判断,巴里巴尔其实带有更多的忧虑。对巴里巴尔来说,新的种族主义意识形态之所以看起来灵活许多,仅仅是因为它们诉诸文化差异而非自然差异。但是我们今天已经看到,文化也可以像自然一样发挥作用,因而也可能是有害的。譬如,当今西方世界对阿拉伯地区的恐惧,带着一种伊斯兰世界观的形象,这种世界观与欧洲人的身份格格不入。因此,穆斯林被认为是永远无法成功融入西方社会的人,他们是一群在文化上习惯于暴力的人,在震惊世界的9·11事件之后,媒体对伊斯兰世界的报道中更加充斥着这种观点。

文化种族主义其实不是全球化带来的新产物,比如历史悠久的反犹太主义就是文化种族主义的重要表征。早期现代对穆斯林和犹太人的看法提醒我们,“文化”和“生理”从来就不是可以决然区分的类别,包容和排斥的策略一直是相互合作的。少数族群可以通过大规模的宗教皈依来实现自己的身份转换,但是这样反倒加剧了基督教天主教的身份焦虑,因而会有强调血统纯正的规则

① 哈特、奈格里:《帝国》,杨建国、范一亭译,江苏人民出版社,2008,第191页。

② Etienne Balibar. “Is there a ‘Neo-Racism’?”, in Etienne Balibar and Immanuel Wallerstein, *Race*, *Nation*, *Class*: *Ambiguous Identities* (London and New York: Verso, 1991), pp.17-28.

产生。并且在帝国主义的鼎盛时期,种族主义意识形态不仅通过排斥发挥作用,而且总是在战略上侵占并包括许多其他的意识形态。况且当代对文化差异的看法也反映了自过去延续至今的地缘政治张力。比如,穆斯林被认为是野蛮的,热衷于暴力行为,而亚洲人被认为是勤奋的,但执着于自己的商业和家庭规则。这两种生存方式都被认为与西方世界不相称,这些观点不仅与旧的殖民主义观点相呼应,即认为穆斯林专制而难以驾驭、亚洲人高深莫测而勤奋工作,而且也反映了当代全球性的经济和政治竞争。

总之,当代的情况只会比过去更加复杂,后殖民研究面临的挑战不仅是实践的,还有理论的。后殖民研究已经意识到必须与新的社会运动相结合,但是它也必须小心不要为当代世界资本主义的文化万花筒所迷惑,而是应该深入历史。鉴于后殖民研究对过去帝国主义形式的历史认识,以及探讨殖民主义和新殖民主义之间的结构联系,后殖民学者可以很好地在当代经济、政治和文化中去追踪当代全球资本主义的不平等。但如今看来这是不够的。对于后殖民研究自身而言,它们始终缺少一种关注社会历史现实的历史理论,而后者正是马克思主义批判资本主义社会的理论基础,也是马克思主义区别于其他资本主义批判理论的根本所在。

第二节　马克思对殖民主义的批判

19 世纪是西方殖民主义兴盛的时代。在 1848 年革命失败之后,流亡英伦的马克思获得了研究政治经济学的得天独厚的环境与样本,同时也真正"开眼看世界"。身处当时世界最大的殖民宗主国,马克思无法避开殖民问题,但是他与西方殖民主义之间的复杂关系又使后来的研究变得不确定。在既有研究里,有两种趋势值得注意。一种是在后殖民研究中,马克思更多地是一个浪漫的东方主义者形象。如爱德华·萨义德(Edward Said)认为,在马克思那里,"使毫无生气的亚洲实现再生当然是地地道道的浪漫主义东方学观念"①。而且在整个后殖民研究的发展中,马克思主义的理论遗产逐渐被淡化。另一种趋势与欧洲中心主义牵连在一起,围绕殖民主义与欧洲中心主义的争论主要可以分为三派。一派认为,陈旧的欧洲中心主义和经验研究的不足限制了马克思主义对第三世界的研究,如霍普金斯(A. G. Hopkins)将"依赖理论(Dependency Theory)"视为种族中心主义,并认为其根源可以追溯至马克思。另一派则相反,把马克思论殖民文本中的欧洲中心主义倾向视为一种超越传统马克思主义的可能,如福斯特-卡特(Aidan Foster-Carter)认为:虽然马克思谴责殖民暴行,但他同样认为殖民主义在历史上扮演着必要的角色;当西欧的工业资本主义为了自身利益而剥削殖民地时,殖民地的资本主义被马克思视为当地进步发展的动力;马克思虽然相信铁路和机械等技术可以有效地改变印度社会,但没有意识到最后的结果可能会是社会的不发展;等等。还有一派相对中立,如梅洛蒂(Umberto Melotti)和泰勒(John Taylor)等人承认:马克思缺乏经验证据,所以无法对殖民地进行更为细致和敏锐的分析;尽管马克思持有欧洲中心主义的偏见,但他

① 萨义德:《东方学》,王宇根译,生活·读书·新知三联书店,2019,第206页。

认为帝国主义正在殖民地制造一种前所未有的痛苦；马克思在讨论殖民主义时的许多观点不是欧洲中心主义的，而是辩证的；等等。①

不难发现，上述对马克思与西方殖民主义的讨论几乎都过度集中于发表在《纽约每日论坛报》（下文称《论坛报》）上的论殖民文本，这种研究取法难免一叶障目。鉴于此，本节首先讨论马克思在 19 世纪 50 年代对具体殖民状况的批判性考察，进而把这一时段的思考放入其整体思想格局的动态发展中加以考量，以求尽可能全面地把握马克思对西方殖民主义的批判。

一、《纽约每日论坛报》时期马克思对殖民状况的批判考察

马克思《论坛报》时期的论殖民文本广为征引，其中虽然不乏洞见，但也容易引起过度解读，所以有必要先考察这些文本所包含的主要内容。马克思从欧陆到英伦之后，对殖民问题的观察域和研究域得到了扩大和细化，主要成果便是分析评论印度等社会的殖民状况。

第一，英国在印度的殖民统治形式。自 1852 年开始，英国议会围绕东印度公司章程的延续和英国殖民统治的形式进行了长时间的辩论，辩论的两派分歧明显。其中浪漫的东方主义者大多由东印度公司职员和殖民地传教士组成，他们留恋印度文明的黄金时

① Stephen Kats, "The Problems of Europocentrism and Evolutionism in Marx's Writings on Colonialism", *Political Studies*, XXXVIII(1990): 675-678.

代,主张延续殖民统治的现状。另一方自由贸易派则认为,殖民地有必要沿着西方工业现代化的路线发展,他们指责东印度公司未能在殖民地建立必要的基础设施(如公共工程)以刺激经济增长,主张把印度殖民地的所有权力完全交给英伦议会。马克思的首篇论印度文章《不列颠在印度的统治》(下文称《统治》)体现了上述两方观点的影响:其一,马克思认为,公共工程带有典型的东方特色,但英国对印度的殖民统治"完全忽略了公共工程部门"①;其二,马克思并不赞同当时流行的浪漫东方主义,即"不同意那些相信印度斯坦有过黄金时代的人的意见"②。

当然,马克思并非就时事谈时事,而是从历史角度回顾了印度问题何以在这个时候成为英国内阁的问题。在《统治》发表后的半个月,马克思写就《东印度公司,它的历史和结果》,该文主要叙述了英国在印度的殖民统治史以及东印度公司的发展史。文中指出,正是在议会的干预下,英国同印度的贸易发生了变革,完全改变了英国各阶级之于这一贸易的利害关系。在1813年开放贸易之前,印度流入英国的财富主要通过直接剥削获得,而在1813年之后,印度从出口国变成进口国。金融寡头、政治寡头和工业巨头在对印贸易上的利益是一致,东印度大陆实际上成了他们最好的市场。每经历一次商业危机,英国的工厂主们就愈发意识到同印度的贸易意义重大。然而随着殖民现代化效应在印度社会逐渐显现,英国工业界发现自身的力量和利益在不断耗损,于是便有了英国议会关于殖民统治形式改革的辩论,因为英国工业界试图利用

① 《马克思恩格斯文集》第2卷,人民出版社,2009,第680页。
② 《马克思恩格斯文集》第2卷,人民出版社,2009,第678页。

本国的权势来消除东印度公司的当地特权。

第二,英国殖民印度的双重使命。马克思在《不列颠在印度统治的未来结果》(下文称《未来结果》)中指出,英国在印度要完成"破坏"加"重建"的双重使命。"双重使命"的分析框架试图回应一个问题:在外来力量的干预下,殖民地社会从传统形态向现代形态的转变何以可能?这一问题有必要兼顾殖民地的本土要素,因为后者基本构成了"重建"的阻碍。如马克思认为印度的农村公社始终是东方专制制度的牢固基础,种姓制是印度进步和强盛的基本障碍。还有马克思和恩格斯在相互通信中达成的共识:不存在土地私有制是了解东方的一把真正钥匙。在印度村社和种姓制等方面,英国殖民的"破坏"效应是直接且明显的。但是在土地所有制上,英国受到了反噬:殖民者在殖民地发动的土地革命把印度的土地所有制变成了不伦不类的混合物,这不仅使印度农民成为各式各样制度缺陷的承担者,而且使土地制度和盐税、气候等一道构成了瘟疫流行的温床,马克思将之视为印度人对西方世界的报复,视为人类灾难和罪恶互为影响的惊人且严酷的案例。

《统治》和《未来结果》这两篇通讯之间的时间跨度将近一个半月,从前到后我们可以看到马克思本人从"破坏"向"重建"的焦点变化。写完《统治》后不久,马克思在致信恩格斯时谈道:"不列颠人在印度的全部统治是肮脏的,直到今天还是如此。"①而在后来的《未来结果》里,马克思更多讨论那些一般人很难看得出来的重建工作。可见,马克思此时对英国殖民印度的"破坏"和"重建"的双

---

①《马克思恩格斯全集》第49卷,人民出版社,2016,第431页。

重使命的看法并无太多偏颇之处，即没有一味谴责“破坏”，也没有过度颂扬“重建”。这种相对客观中立的评论立场使他避免陷入过度情绪化的写作，从而得以冷静地分析遭遇殖民的特定社会。

第三，“文明/野蛮”框架下的西方与东方。马克思曾对资产阶级文明的本性作出如下经典判断：“当我们把目光从资产阶级文明的故乡转向殖民地的时候，资产阶级文明的极端伪善和它的野蛮本性就赤裸裸地呈现在我们面前，它在故乡还装出一副体面的样子，而在殖民地它就丝毫不加掩饰了。”①马克思在此动摇了西方社会对应高级文明、殖民地社会对应低级文明的一贯划分，并且他也不只谈资产阶级文明在殖民地的进步作用，而是对西方殖民主义有了更加严肃和谨慎的研判：“资产阶级历史时期负有为新世界创造物质基础的使命。”②

但是这种“使命”的现实展开是残酷且矛盾的，马克思在1857—1858年再度介入殖民问题时愈发深刻地体会到这一点，他强烈谴责了英法在第二次鸦片战争中侵略中国的非人道行径以及英国对印度民族大起义的残暴镇压。除了这些溢于言表的愤怒情绪之外，马克思还较为隐晦地谈到了文明的冲突。当以英国为代表的现代社会通过鸦片贸易和战争把西式现代化强加给中国时，“进步的矛盾”就在前现代社会与现代社会的碰撞中体现出来：“这样一个帝国注定最后要在一场殊死的决斗中被打垮：在这场决斗中，陈腐世界的代表是基于道义，而最现代的社会的代表却是为了获得贱买贵卖的特权——这真是任何诗人想也不敢想的一种奇异

① 《马克思恩格斯文集》第2卷，人民出版社，2009，第690页

② 《马克思恩格斯文集》第2卷，人民出版社，2009，第691页。

的对联式悲歌。”①马克思的这一表述使我们联想到《精神现象学》里黑格尔曾提到的古希腊悲剧《安提戈涅》。当前现代社会遭受苦难时,不得不承认它的对立面即现代社会就是它自己的现实。这种承认,表示伦理目的与现实之间的分裂已经扬弃掉了,回到一种消极的、不再发生行动的伦理态度。如此一来,前现代社会放弃了个性和它自身的现实,而完全毁灭了。后来卢卡奇对这部分的解释更加直白:“矛盾的两端保持着一种统一的张力:一方面,人们认识到部落社会在道德和人性上比继承它的阶级社会站得更高,卑劣邪恶的人类冲动的释放造成了部落社会的崩溃。另一方面,人们还有一种同样有力的信念,即这一崩溃不可避免,它明确标志着一种历史的进步。”②

对印度等殖民地社会的具体分析构成了马克思在《论坛报》上批判西方殖民主义的景象,但是其中一些观点和判断不仅容易引起争议,而且可能被蓄意放大。实际上,这一时期的批判工作仍是阶段性的,是马克思在原先理论的基础知识初涉该领域时的思考,不宜过早地据此定论,而是有必要把它放入马克思的整个思想发展过程中加以考察。

二、马克思批判殖民主义的理论基础

马克思对殖民问题的讨论并非即兴为之,而是可以有效纳入

---

①《马克思恩格斯文集》第2卷,人民出版社,2009,第632页。

② Georg Lukács, *The Young Hegel* (London: Merlin Press, 1975), p.412.

其整体思考之中。马克思对殖民主义的批判有其自身的理论基础，并且随着思考的深入而不断完善。

第一，唯物史观及世界历史视野。马克思对西方殖民主义的批判可追溯至他关于市民社会和世界历史的若干判断，而这些判断又与黑格尔的观点有所关联与区分。黑格尔在其法哲学体系里至少有两处涉及殖民主义。其一是在“市民社会”部分。当黑格尔面对如何救济穷人、消除贫困这个既推动现代社会发展，同时又让现代社会为之苦恼的问题时，谈到了作为一种解决手段的对外殖民，即向特定市民社会之外的其他民族去寻求消费者。这种不再固定于本乡本土、不局限于市民生活的有限范围的手段，最终导致了发达的市民社会都被推向殖民这一事实。其二是在最后的“世界历史”部分，黑格尔从国家精神的角度论证了西方殖民主义的合法性：“文明民族可以把那些在国家的实体性环节处于落后的其他民族看作野蛮人……以一种不平等的权利意识看待他们，因而把他们的独立性当作某种形式的东西来看待和处理。”①

对于市民社会超出了国家和民族的范围这一特征，马克思给予了肯定。然而，与黑格尔肯定西方殖民主义合法性的理路不同，马克思转换了思维：不是从市民社会走向国家精神，而是把市民社会理解为整个历史的基础，论证了市民社会从地域性走向世界性这一历史发展过程对于人类解放的重要性。马克思承认普遍交往可能发展成一种不堪忍受的力量（事实上，殖民活动所催生的普遍交往对殖民地而言正是这样一种力量），但是他的眼光更加长远：

① 黑格尔：《法哲学原理》，邓安庆译，人民出版社，2016，第 477 页。

"各民族的原始封闭状态由于日益完善的生产方式、交往以及因交往而自然形成的不同民族之间的分工消灭得越是彻底,历史也就越是成为世界历史。"①紧接着,马克思以英国殖民的事实作为证明:"如果在英国发明了一种机器,它夺走了印度和中国的无数劳动者的饭碗,并引起这些国家的整个生存形式的改变,那么,这个发明便成为一个世界历史性的事实。"②可见,他并不否认市民社会走向对外殖民的趋势,但是与黑格尔不同,马克思不同意这一趋势作为手段可以拯救市民社会,恰恰相反,殖民催化的是针对市民社会自身的反抗与革命。随着生产力的全球化发展,人们的世界历史性存在已成事实,在这一过程中建立起来的普遍交往,使得作为"行动"的共产主义真正获得了"经验上"的可能。

从这点出发不难理解,马克思何以认为印度社会机体的破坏与其说是由于单纯的暴力干涉,不如说是由于英国蒸汽机和英国自由贸易的作用。因为西方殖民排除的正是殖民地阻碍资本自由发展的民族障碍,从而加速完成了资产阶级社会的真正任务——"建成世界市场(至少是一个轮廓)和确立以这种市场为基础的生产"③。与此同时,殖民也带来了生产过剩、周期性危机、经济停滞、无产者掘墓人的成长等世界性的社会经济现象,从而真正把资本主义带进了"死胡同",而要想走出这个死胡同,唯有进行彻底改造经济基础的社会革命一法。因此,马克思论证的和期待的并不是殖民之于资本主义自身进步发展的意义,而是殖民之于激活世界

---

①《马克思恩格斯文集》第1卷,人民出版社,2009,第540—541页。

②《马克思恩格斯文集》第1卷,人民出版社,2009,第541页。

③《马克思恩格斯文集》第10卷,人民出版社,2009,第166页。

范围内的社会革命潜能的连锁效应。如此一来,《共产党宣言》(下文称《宣言》)的如下表述其实并不偏颇:“(资产阶级)使未开化和半开化的国家从属于文明的国家,使农民的民族从属于资产阶级的民族,使东方从属于西方。”①马克思立足于人类社会发展的一般规律,在历史长时段的维度上作出了对资产阶级文明进步性的宏观判断,而殖民活动作为资产阶级文明的一种对外输出模式,也带有进步性的一面。当然,西方资产阶级文明模式终归是处于一个东西方不平等的世界历史背景中,而超越西方资本主义的发展道路恰恰是马克思致力探求的。

第二,与如上世界历史视野相一致的是马克思对被压迫民族解放事业的不懈支持。西方殖民主义批判至少在如下两方面完善了他关于被压迫民族解放与无产阶级革命关系的思考。

一方面,殖民地民族的起义触发了马克思产生从“西欧革命”到“世界革命”的设想。1853 年,马克思指出了印度“重建”的两种可能:“在大不列颠本国现在的统治阶级还没有被工业无产阶级取代以前,或者在印度人自己还没有强大到能够完全摆脱英国的枷锁以前,印度人是不会收获到不列颠资产阶级在他们中间播下的新的社会因素所结的果实的。”②这段引文的关键词是“或者”:或者是英国的工业无产阶级推翻统治阶级,或者是在英国工业无产阶级胜利之前,被殖民的印度人自己推翻了英国的殖民统治。仅就这段表述而言,殖民地民族解放与西欧无产阶级革命是并列的。这是一个重大的观念发展,马克思看到了殖民地人民通过自身的

① 《马克思恩格斯文集》第 2 卷,人民出版社,2009,第 36 页。

② 《马克思恩格斯文集》第 2 卷,人民出版社,2009,第 690 页。

民族解放运动而发动社会革命的潜能，并且这种潜能随着殖民全球化而愈趋愈烈。1858 年 10 月，马克思致信恩格斯分享了“世界革命”设想：“对我们来说，困难的问题是：大陆上革命已经迫在眉睫，并将立即具有社会主义的性质。但是，由于在广大得多的地域内资产阶级社会还在走上坡路，革命在这个小小角落里不会必然被镇压吗？”①“世界革命”的设想，不仅意味着马克思将殖民地民族起义视为其无产阶级革命事业的一块重要拼图，而且也是他超越西方殖民主义进步叙事、跳出欧洲中心主义圈子的关键证据。

另一方面是马克思对无产阶级革命国际性与民族性张力的把握。西方殖民主义加速了世界历史意义的无产阶级的产生：世界市场的存在使得越来越多原本生活就艰难的劳动者真正陷于绝境，大工业创造出了消灭民族独特性的无产阶级。但《德意志意识形态》在当时仍是未问世的手稿，关于无产阶级、共产主义国际性的观点并不为公众所知晓。公众熟悉的是《宣言》里对资产阶级责备共产党人取消祖国、取消民族的驳斥：无产阶级本身还是民族的，因为无产阶级首先必须通过政治革命取得政治统治而成为民族的领导阶级，把自身组织成为民族。接着马克思展望：“随着资产阶级的发展，随着贸易自由的实现和世界市场的建立，随着工业生产以及与之相适应的生活条件的趋于一致，各国人民之间的民族分隔和对立日益消失。”②

马克思在无产阶级解放、被压迫民族解放的战略层面阐述了无产阶级革命国际性与民族性的张力，但是殖民问题使得这一张

① 《马克思恩格斯文集》第 10 卷，人民出版社，2009，第 166 页。
② 《马克思恩格斯文集》第 2 卷，人民出版社，2009，第 50 页。

力不太好把握。尤其马克思在评论印度的殖民状况时，恐怕还欠缺一些对东方民族的敏感性，使得他对殖民地民族的解放事业有所简化。其中应有东—西殖民地的对应视角在起作用，如马克思一开始便将印度称为“东方的爱尔兰”。与印度相比，马克思显然对爱尔兰更加熟悉，他对爱尔兰在西方殖民主义体系中的定位很明确：“今天的爱尔兰仅仅是英格兰的一个被大海峡隔开的农业区，它为英格兰提供着谷物、羊毛、牲畜、工业新兵和军事新兵。”①在西欧，爱尔兰民族的独立解放意识非常强烈，而且其现实运动也颇具代表性。尤其在进入19世纪60年代以后，马克思把爱尔兰的民族主义运动和英国的工人阶级运动联系起来，后来它成为与第一国际的现实使命直接相关的重要议题：“只要英国工人阶级没有摆脱爱尔兰，那就毫无办法。杠杆一定要安放在爱尔兰。”②“只有在爱尔兰才能给英国统治阶级以决定性的打击（而这对全世界的工人运动来说是有决定意义的）。”③

遗憾的是，虽然马克思对爱尔兰的分析包含了其对殖民主义、帝国主义本质的一些重要洞见，但爱尔兰式的革命“杠杆”作用在东方民族并不完全适用。对于那些在地理上距离西欧更遥远的民族，马克思的了解有限。因此对他来说，如何在具体的战术层面准确合理地把握无产阶级革命国际性与民族性的张力，是一个棘手的问题。尽管如此，当马克思越往后关注非西欧民族的解放事业时，殖民主义批判仍是他没有舍弃的一个视角。只是他在处理这

---

①《马克思恩格斯文集》第5卷，人民出版社，2009，第808页。

②《马克思恩格斯文集》第10卷，人民出版社，2009，第316页。

③《马克思恩格斯文集》第10卷，人民出版社，2009，第327页。

一问题时,更多与社会进化论批判关联在一起,因而后者也成为我们理解马克思批判西方殖民主义时需要考虑的方面。

三、殖民主义批判与社会进化论批判的相关性

当进化论的“优胜劣汰,适者生存”原则被应用到社会发展学说中,它所形成的社会进化论就常被用来强调人种差别和阶级存在的合理性,强调高程度的文明对低程度文明的侵略与殖民不可避免。因此,社会进化论成为西方殖民主义政策的理论基础。社会进化论意味着前资本主义时期的欧洲历史按照一套必然的阶段发展逻辑发展,而且这些阶段一旦从欧洲历史中抽象出来,也可以用来概念化所有非欧社会的历史和发展,并赋予它们如此的预定形式。在这一意义上,资本主义阶段成为“高”级,而其他处在资本主义社会边缘或之外的诸民族不但欠缺“进化”,他们的自主发展也被否定了。

毋庸置疑,马克思的思想中存在“进化”因素,较为著名的有1859年《政治经济学批判序言》里的判断:“大体说来,亚细亚的、古希腊罗马的、封建的和现代资产阶级的生产方式可以看作是经济的社会形态演进的几个时代。”①至于如下马克思在论印度时写下的话,更是成为被后世人围攻的靶子:“印度本来就逃不掉被征服的命运,而它过去的全部历史,如果还算得上是什么历史的话,就是一次又一次被征服的历史。印度社会根本没有历史,至少是

① 《马克思恩格斯文集》第2卷,人民出版社,2009,第592页。

没有为人所知的历史。”①

问题是:如果殖民主义发展了资本主义,那么对于殖民地而言,殖民就一定带来进步的力量吗?殖民地社会的发展是否必然会进入一个资本主义发展阶段?至少马克思部分肯定了殖民地资本主义阶段的必然性,比如英国“重建”印度实际是为了在亚洲建立西方式的社会奠定物质基础。然而这种必然性在四年之后得到了马克思的自觉反思。比如《政治经济学批判大纲》(下文称《大纲》)导言里关于“征服”的例子,这理应是他在较长时段观察世界之后的思考:“所有的征服有三种可能。征服民族把自己的生产方式强加于被征服的民族(例如,英国人本世纪在爱尔兰所做的,部分地在印度所做的)或者是征服民族让旧生产方式维持下去,自己满足于征收贡赋(如土耳其人和罗马人);或者是发生一种相互作用,产生一种新的、综合的东西(日耳曼人的征服中一部分就是这样)。”②“征服”并不意味着被征服的民族必然屈从于征服者的生产方式,甚至发生新与旧的“综合”也是可能的,不仅不同的生产方式在被征服的地区可以共存,而且它们之间的转变也不能预先被确定。可见,被征服民族不一定遵循类似西欧社会既有的单线发展模式,而是取决于自身的历史特殊性。

可惜当时的《大纲》只是手稿,而公开发表的作品《资本论》第一卷又受到了社会进化论者的有意歪曲。马克思本人明确意识到这一状况是在1877年,他不满那些把他关于西欧资本主义起源的

① 《马克思恩格斯文集》第2卷,人民出版社,2009,第685页。
② 《马克思恩格斯文集》第8卷,人民出版社,2009,第21页。

历史概述彻底变成一般发展道路的历史哲学理论的人,并且坦言道:“极为相似的事变发生在不同的历史环境中就引起了完全不同的结果。”①(这封信当时未寄出,直到马克思去世之后的1884年才被恩格斯发现。)马克思并不打算把从封建主义到资本主义的转变和进步机制一般化,而是充分考虑了历史与地理的双重特殊性。对他来说,生产方式是对历史进程分期化的抽象概念,它们只是在既定社会形态之内才得以具体化。在这一意义上,殖民地社会在前殖民时期的某些方面可能类似于西欧的前资本主义时期,但这并不意味着二者具有相同的历史演变阶段,即殖民地社会不一定非要从“原始”“奴隶”“封建”或“亚细亚”社会发展到资本主义甚至社会主义。即便资本主义生产方式在殖民地占据了主导地位,也不意味着所有其他非资本主义生产方式的“解体”。如《资本论》第三卷里谈道:“资本主义以前的、民族的生产方式具有的内部的坚固性和结构,对于商业的解体作用造成了多大的障碍,这从英国人同印度和中国的交往中可以明显地看出来。”②这是对英国殖民双重使命的呼应,但紧接着话锋一转:“这种解体进程也是进行得极其缓慢的。在中国,那就更缓慢了。”③这体现了马克思对之前所指认的殖民地本土要素的阻碍角色有了更新的认识,他从发展速率的角度修正了西方殖民的破坏与重建效应,即并非所有非资本主义元素的破坏和重建都那么迅速和彻底。

在一定意义上,马克思对前资本主义社会发展的单线描绘是

① 《马克思恩格斯文集》第3卷,人民出版社,2009,第466页。

② 《马克思恩格斯文集》第7卷,人民出版社,2009,第372页。

③ 《马克思恩格斯文集》第7卷,人民出版社,2009,第372页。

为了区分那些与资本主义发展相关的历史时期,而在不断扩大和细化的考察过程中,尤其在频繁接触非西欧社会之后,马克思开始了解到许多可能的历史转变是如何发生的,并且这些转变可能从时间和空间的任何一点发生。马克思的唯物史观要求有一系列的生产方式,但是这一系列生产方式不一定按照某种特定的顺序。对此,最著名的证明是马克思在1881年给查苏利奇的复信,他在正式复信之前的草稿里谈道:俄国农村公社的历史道路究竟该如何发展?马克思认为,绝对不是非要经历从原生到次生、从公有制到私有制等一系列社会形态,而是一切都取决于它所处的历史环境。

一般而言,社会进化的过程是置于正常条件之下的,但是相对于西方社会的"正常"而言,非西方社会的发展条件往往是"不正常"的。俄国正是把本国公社置于不正常的经济条件之下,要想真正理解俄国公社的命运,"必须从纯理论回到俄国现实"。[①] 马克思在此进一步区分了"进化的理论上的可能性"[②]和具体的社会现实,他在批判社会进化论时否定的是资本主义社会进化过程的普遍化,强调了基于具体情况的社会多线进化可能。这与马克思对殖民主义批判的完善是一致的,即殖民主义并不一定使殖民地社会也遵循资本主义社会进化的过程,甚至殖民后的社会也不一定是发展的、进步的。

与社会进化论批判相关的殖民主义批判在马克思的晚年笔记里已经出现。自1879年9月开始,马克思摘录了俄国史学家马·柯瓦列夫斯基的《公社土地占有制,其解体的原因、进程和结果》。

① 《马克思恩格斯文集》第3卷,人民出版社,2009,第576页。
② 《马克思恩格斯文集》第3卷,人民出版社,2009,第571页。

在这份摘录里,有一半以上是关于英国统治下的印度。马克思赞同柯瓦列夫斯基对西方殖民主义的谴责,但他们之间的一个关键分歧在于:柯瓦列夫斯基认为通过公社内部产生的利益冲突,村社土地公有制迟早会被私有制取代,因此殖民宗主国的立法只是加速了这么一个无论如何都会完成的进程;而马克思虽然不否认殖民政策将破坏村社土地公有制,但他并不同意殖民地将因此走上与西欧相同的发展道路。比如马克思认为,柯瓦列夫斯基的某些历史叙述错误地将具有欧洲背景的概念投射到印度之上:“由于在印度有‘采邑制’‘公职承包制’……和荫庇制,所以柯瓦列夫斯基就认为这是西欧意义上的封建主义。别的不说,柯瓦列夫斯基忘记了农奴制,这种制度并不存在于印度,而且它是一个基本因素。”①看来马克思在给出“回到俄国现实”的忠告之前,就已经自觉意识到研究印度公社必须回到印度现实。二人观点上的差异证实了:马克思直到晚年仍坚持认为,无论西方殖民政策怎样有利于殖民地社会的发展,它也无法决定后者遵循西欧社会既有进化路径发展的历史必然性,殖民地社会不必自限于东与西之间、西与非西之间的对立框架,而是有可能跳出西方模式,在对各方因素的权衡中谨慎前行。

总之,马克思对西方殖民主义的批判没有脱离他整体的思想格局,也与其研究状态和兴趣的变化相适应。这一批判立基于唯物史观及其日益开阔的世界历史视野,既谴责和否定了殖民活动的残暴和非人道一面,又保留和强调了对外殖民扩张之于社会革

① 《马克思恩格斯全集》第 45 卷,人民出版社,1985,第 283—284 页。

命的连锁效应。就后者而言,一方面,马克思有条件地赞同西方殖民主义推动了资本主义的充分发展,因为唯有如此,其社会形态才会真正灭亡;另一方面,在西欧的工业无产阶级革命并未有实质性的推进时,马克思的目光开始望向西欧之外的民族对资产阶级文明侵袭的反抗,他支持殖民地的反殖民斗争,并自觉地将殖民地民族起义纳入被压迫民族的解放战略里。只是我们有必要看到,东—西民族解放的革命“杠杆”作用不是简单的对应,我们需要充分考虑东方民族的高度复杂性与独特地方性。在这一意义上,“回到当地现实”不仅是批判西方殖民主义,也是探索殖民地社会未来发展可能的基本原则。

第三节　市民社会与国族精神视域中的殖民主义

殖民主义是在人类进入现代文明以来起过重要作用的理念与政策。它已经招致诸多基于人道主义的谴责,尤其是来自有过殖民遭遇的国家和地区的谴责。从历史上看,几乎所有的第三世界国家都有殖民或半殖民的历史。但是在理论上,恐怕还没有对这个现代社会的重要议题作出较为系统的清理和批判。鉴于此,本节主要从现代社会的两个理论巨擘——黑格尔和马克思出发,基于二者的相关思考与关联来审视殖民主义。

一、市民社会视域中的殖民主义

黑格尔在其国家法哲学体系的市民社会部分谈及作为一种解决市民社会内在矛盾手段的殖民主义。黑格尔看到了："如何救济穷人，消除贫困，这个重要问题，是推动现代社会发展的一个主要问题，也是让现代社会为之苦恼的一个主要问题。"①但这个问题无法在市民社会的领域内得到解决，"市民社会所占有而真正属于它的财产，总是不足以用来防止贫困的过度和贱民的过度产生。"②而是应该诉诸"超出自身"的手段："超越这个特定的社会，以便向它之外的其他民族去寻求消费者，从而寻求必需的生活数据，这些民族或者缺乏它所生产过剩的物资，或者一般地在工艺等方面落后于它。"③也即是说，一个特定的社会必须通过移民、殖民化和为其商品开放其他市场来超越自己。在这一点上，国家应当通过一种对外贸易政策来支持它，而且这种政策既不受国际法的限制，也不受任何超国家组织的限制。

对于黑格尔来说，市民社会部分的对外殖民并不是讨论的重点，这种情况与他对市民社会的定位有关。在黑格尔看来，市民社会的物质基础是人类的基本需要，如对衣食住行的需要，随着文明的发展，这些需要变得愈发复杂。但是市民社会的对象具有普遍性："市民社会中的对象一般是市民（作为 bourgeois 的有产者），而

① 黑格尔：《法哲学原理》，邓安庆译，人民出版社，2016，第 374 页。
② 黑格尔：《法哲学原理》，邓安庆译，人民出版社，2016，第 375 页。
③ 黑格尔：《法哲学原理》，邓安庆译，人民出版社，2016，第 375 页。

这里，从需要的立场来看的对象是观念的具体物，我们称之为人。因此，只是在这里，并且也真正地只在这里是在这一意义上来谈人的。”①

市民社会这种“需要的体系”具有同质化趋势，因不考虑种族、民族、宗教或社会地位的普遍人权概念而得到加强，这种普遍人权构成了现代社会的市民权利和财产权的规范性基础。承认这种权利的普遍性是历史发展到现代的一项巨大成就，也是现代欧洲人得以自豪的理由：“属于这种教养和思维的，就是作为单一者的意识却处在普遍性形式中，即把自我理解为普遍的人，在这种意识中所有人都是同一的。人之所以为人，就因为他是人，而并不是因为他是犹太人、天主教徒、基督教徒、德国人、意大利人等等。重视思想的这种意识是无限重要的。只有当这种意识把自己作为世界主义固定起来，来与具体的国家生活相对立，它才是有缺陷的。”②该引文的最后一句意味着市民社会的效力是相对的、有限的，它不包含人和社会的全部真理，而只是真理的一部分、一个因素或一个环节。

黑格尔所谓“现代人”不仅是抽象普遍的市民社会中的一员，即生产者、消费者，或在契约上合法的人，而且是一个具体的、历史的、成型的政治共同体中的一员。他是一个政治共同体的具体普遍性，以某种方式参与国家的具体生活。所以，市民社会和国家在概念上是不同的，在实际中甚至是对立的，是社会生活的不同形式，但二者辩证相关。市民社会的抽象普遍性为人的精神发展提

① 黑格尔：《法哲学原理》，邓安庆译，人民出版社，2016，第337页。
② 黑格尔：《法哲学原理》，邓安庆译，人民出版社，2016，第348页。

供了一个重要的却又不充分的环境,它可以使个体按照他自己的主观意图行事,增进个人的幸福。然而,市民社会的不充分体现在它忽视了个体的公共行动,即以人所共享的利益和理念行事。因此,只有从属于一个国家共同体,并且参与政治生活,人才能达到伦理生活的高度,从而完全实现他自己。可见,市民社会不是一个自我持存的实体或现实,它的基础性与优先性都逊于国家,它是国家共同体的一个部分,“可以把这个系统首先看成外部的国家,即应急的和理智的国家”①。黑格尔为战争的辩护很极端地体现了这种市民社会与国家的差异。他认为战争的崇高意义在于它保持了各民族的伦理健康,这体现了作为市民社会的外部国家与作为政治共同体的国家之间的本质区别。通过为国家的完整或独立而作出牺牲,人们显示了他们自己的美德和英雄主义,而这些美德和英雄主义在市民社会的世俗世界里几乎没有作用。

总之,黑格尔那里的对外殖民只是市民社会“超出自身”的其中一个手段,根本上市民社会必须把思维方式、行为方式、目的、权利和义务等等提高到一个新的高度,这体现出过渡到伦理理念的现实性的真实国家的必要性。

马克思则不同。关于马克思的市民生活理论及其与黑格尔市民社会理论的关系,国内外学界的讨论已经足够丰富了,包括他对国家和市民社会关系的颠倒、对市民社会的批判,以及把市民社会放在唯物史观的基础位置等等。与本文主题较为切近的判断是:“市民社会包括各个人在生产力发展的一定阶段上的一切物质交

① 黑格尔:《法哲学原理》,邓安庆译,人民出版社,2016,第330页。

往。它包括该阶段的整个商业生活和工业生活，因此它超出了国家和民族的范围，尽管另一方面它对外仍必须作为民族起作用，对内仍必须组成为国家。”①可见，市民社会不是通向国家的环节，市民社会的贫困难题也不是在黑格尔所谓“超出自身”的国家层面，以对外殖民的方式寻求解决。总体看，马克思没有正面回应殖民主义问题，但是我们可以从相关论述中把握他对殖民主义的三个层次的考虑：

首先，马克思肯定殖民主义的历史意义：“冒险者的远征，殖民地的开拓，首先是当时市场已经可能扩大为而且日益扩大为世界市场——所有这一切产生了历史发展的一个新阶段。”②“只有当交往成为世界交往并且以大工业为基础的时候，只有当一切民族都卷入竞争斗争的时候，保持已创造出来的生产力才有了保障。”③其次，这种肯定并不是说他认可国家层面的对外殖民政策可以解决市民社会的贫困和贱民问题，他要批判的恰恰是这种“政治理智”的优越性：“政治理智之所以为政治理智，就因为它是在政治范围以内思索的。它越敏锐，越活跃，就越没有能力理解社会缺陷。”④马克思揭示道：“如果国家承认社会弊病的存在，它就认为社会弊病的原因或者在于任何人类力量都不能消灭的自然规律，或者在于不依赖于国家的私人生活，或者在于从属于国家的行政管理机构的不妥当措施。”⑤在这一意义上，对外殖民实际是国家对

① 《马克思恩格斯文集》第 1 卷，人民出版社，2009，第 582 页。
② 《马克思恩格斯文集》第 1 卷，人民出版社，2009，第 562 页。
③ 《马克思恩格斯文集》第 1 卷，人民出版社，2009，第 560 页。
④ 《马克思恩格斯全集》第 3 卷，人民出版社，2002，第 387 页。
⑤ 《马克思恩格斯全集》第 3 卷，人民出版社，2002，第 385—386 页。

其内政管理缺欠的改正手段。最后,马克思批判殖民主义的最终目的在于,借由殖民所开辟的世界市场、所带来的普遍交往,使世界范围的无产阶级主体陷入绝境,为世界性的无产阶级革命提供必要的物质条件,为作为行动的而非理念的共产主义提供世界舞台。

所以,在市民社会视域下观察殖民主义,我们可以总结黑格尔与马克思二人的差异:黑格尔强调的是对外殖民对市民社会自身难题的解决,但是这一过程中的决定性角色是国家。而马克思同样肯定市民社会走向殖民主义的必然性,他们都从自己所处的时代出发,在对现实问题的分析中论证了市民社会的殖民主义趋向。但是二者的关键分歧在于,"国家"在这一趋向中扮演怎样的角色。因此,与其说是对外殖民,不如说是国家的行政措施不能从根本上解决市民社会问题。马克思固然批判了西方殖民的不义性(如他在面对印度等地的殖民状况时所表露出的谴责态度),但他更看重的是殖民这一既定的事实之于世界范围的社会革命的连锁效应。

马克思从市民社会出发,直接开启了历史唯物主义的建构,也完善了其国际共产主义运动的理念。然而我们应该注意的是,马克思对市民社会的基础性选择使其在殖民主义问题上遇到一个无法绕开的麻烦,而这也是困扰现代社会的麻烦,即如何理解与回应黑格尔"国族精神(national spirit)"①意义上的殖民主义。

---

① 国内对 nation 的翻译主要有民族、国族、国家等,这里黑格尔所谓"作为国家的民族"与文化、语言意义上的"民族"有所区分,他强调 nation 的政治属性。因此我们在此选择"国族精神"的译法。

二、黑格尔国族精神意义上的殖民主义

在殖民主义议题上,黑格尔还有一个更为重要的论证,即他在国家法哲学的世界历史部分从国族精神的角度论证了殖民主义的合法性。如下引文则体现了这一论证的关键:“文明民族可以把那些在国家的实体性环节处于落后的其他民族看作野蛮人(如游牧民对待狩猎民,以及农业民族对待前两者,等等),以一种不平等的权利意识看待他们,因而把他们的独立性当作某种形式的东西来看待和处理。”①也就是说,像德意志乃至西欧这种在当时具有先进国族精神的国家和地区,对世界上其他一些在经济上落后的,甚至不具有相对成熟国族精神的国家和地区的侵略、征服和殖民,应当被视为正当的、合法的,因为正是殖民把他们带入了世界历史。这些判断成为黑格尔支持殖民主义的论据,也成为后来诸多学者批判黑格尔欧洲中心主义的论据。

的确,指责黑格尔的国族精神观念为欧洲中心论是很容易的,但是我们并不是要停留在字面上,而是需要作整体的考虑。首先,不能否认黑格尔的世界史哲学具有欧洲中心主义的维度,然而我们可以怀疑的是,这一维度是否被解释者夸大了。黑格尔的世界史哲学确实充分肯定了现代欧洲的文化、政治成就,但是这种肯定并不仅仅是对欧洲既定历史发展的一种炫耀式表达。应当看到,黑格尔对历史现象的理论重构的最终目的是引起德意志乃至欧洲

① 黑格尔:《法哲学原理》,邓安庆译,人民出版社,2016,第477页。

的公众对其作为历史当事者的伦理意识。①

要进到这一层理解，我们就需要指明“精神”的定位：“国家本身各自独立，于是它们之间的关系只能是一种外部关系，所以在它们之上必须有一个第三者，作为联系它们的东西。这个第三者现在就是精神，它在世界历史中给自己以现实性并是凌驾于独立国家之上的绝对裁判官。”②可见，“精神”对于理解国族间关系至关重要。在这一意义上，殖民主义的正当与否、合法与否并非黑格尔认为需要论证的问题，他的关注点始终放在因殖民而产生的世界历史意义上，也即被殖民的民族为争取国族间的相互承认而斗争的合法性，这种由殖民、征服而连接起来的战争和争端具有世界历史的意义。

黑格尔重视国族精神有其深刻的时代背景，即进入 19 世纪以后德意志民族面临的艰难处境。黑格尔于 1799—1802 年写作了一本关于德意志帝国宪制的未出版的小册子，其背景是欧洲第二次反法同盟的失败与解散。在拿破仑的铁蹄下，德意志已不再是一个国家。面对德意志这种“合法的无政府状态”，黑格尔认为：“不可以再把德国看作一个结合在一起的国家整体，而应看作是一群独立的、本质上是主权的国家。”③当时德意志正处在新旧交替的历史时刻，但旧的东西还没有完全灭亡，新的东西也还没有能占据统

---

① 对于黑格尔与欧洲中心主义的讨论可参见：Andrew Buchwalter, “Is Hegel's Philosophy of History Eurocentric?”, in Will Dudley (ed.), *Hegel and History* (Albany: State University of New York Press, 2009), pp.87-110.

② 黑格尔：《法哲学原理》，邓安庆译，人民出版社，2016，第 389 页。

③ 黑格尔：《黑格尔政治著作选》，薛华译，中国法制出版社，2008，第 26 页。

治地位，现代与过去的矛盾跃然纸上："时代进程，以及其中发展着的文明教养进程，已使过去那个时代的命运同现时代的生活互相一刀两断。那个时代的命运所安居的房屋，现在一代人的命运已不再加以忍受，它的存在对现在一代人的利益没有好处和必要，它所发生的作用同世界精神背道而驰。"[①]德意志如果不想亡国，那就必须重新组织成一个国家。而对于黑格尔来说，政体即国家组织形式不是本质性的，重要的是"国家"概念："一群人为共同保卫自己整个所有权而联合起来，这才能把自己叫作一个国家。这种联合不单有自卫的意图，反之它要用真正的防御来自卫，不管力量和所企求的成功会是怎样。"[②]

这种理念一直持续到之后的国家法哲学及世界史哲学里，黑格尔对国族精神的讨论再进到一个更高的层次，即"承认"。"作为国家的民族，其实体性的合理性和直接的现实性就是精神，因而是大地上的绝对权力。"[③]这种绝对权力的直接体现就是主权独立，而主权独立的前提是获得其他国家的承认。承认不仅是形式上的，不仅因为它是一种国家的形态而承认它，还包含了内容，即国族要在事实上作为一个自在自为的存在，这取决于国家制度(constitution)和一般状况。因此，一个国家的合法性不仅在于内政，还"必须通过别国的承认才变得完整"。这种承认是相互的，想要得到别国的承认，就要"同样承认那些应该承认它的别国"，尊重

① 黑格尔：《黑格尔政治著作选》，薛华译，中国法制出版社，2008，第22页。
② 黑格尔：《黑格尔政治著作选》，薛华译，中国法制出版社，2008，第28页。
③ 黑格尔：《法哲学原理》，邓安庆译，人民出版社，2016，第468页。

别国的独立自主性。①

这种国族之间的相互承认需要一个前提，即从民族向国族的过渡，正是这一过渡构成了“（国家）理念在民族中的形式的实在化”②。如果民族仅仅是文化、语言意义上的民族，而没有国家的形式，那么民族就不会被承认，因为它只具有形式上的独立而不具有主权。所以，黑格尔所谓“文明民族”可以“以一种不平等的权利意识”来看待野蛮民族，也是在文明民族形成国家且具有国家制度内容这一意义上说的。在这种国族与民族的冲突之下所发生的战争和争端，“使得这些民族为争取承认的斗争与某种特定的内容相关”。这种特定的内容就是获得主权的独立，也即被殖民被压迫民族的解放与独立。这种独立一方面是形式上的国家，另一方面是内容上的制度。“这一环节具有的特征，赋予了这些战争和争端以世界历史的意义。”③这个环节是以殖民主义为典型代表的现代社会发展环节，它赋予民族独立战争以世界历史意义。

国与国之间的联系所依靠的是作为世界裁判官的“世界精神”，而各种国族精神又是从属于世界精神的：“各种具体的理念，各种民族精神，在具体的理念即世界精神之中，如同它是绝对的普遍性一样，具有它们的真理和规定，它们作为世界精神之现实化的执行者，作为其辉煌的见证与装饰而侍立在其王座的周围。”④这里意味着，与其说是国家之间的关系，不如说是国族之间、国族精神

① 黑格尔：《法哲学原理》，邓安庆译，人民出版社，2016，第 469 页。
② 黑格尔：《法哲学原理》，邓安庆译，人民出版社，2016，第 476 页。
③ 黑格尔：《法哲学原理》，邓安庆译，人民出版社，2016，第 477 页。
④ 黑格尔：《法哲学原理》，邓安庆译，人民出版社，2016，第 477 页。

之间的关系。黑格尔在其世界史哲学的导论里对国族精神及其与世界精神的关系作了更丰富的阐释。

国民的想象被那些与国家有关的一切占据,他们的意志就是这个国家的意志:“正是这种暂存的整体构成了一种存在,即国族精神。它属于每个国民,只要国家看起来还在发展,那么每个人都是这个国族的孩子,而且是它所处时代的孩子。……这个精神的实体就是他自己的,他就是国族精神的代表,他生在其中,活在其中。”①国族精神具有规定性,它规定了其他形式(如艺术、宗教和哲学)中的自我意识的基础和内容。而且,“国族精神在世界历史的进程里只是一个个体——因为世界历史表现了‘精神’在其最高形态里的神圣的、绝对的发展。在这一系列阶段里,精神获得了它的自我意识,也即它的真理。这些阶段的各种形态都是具有世界历史意义的国族精神——规定了它们的伦理生活,它们的政府形式,它们的艺术、宗教和哲学”②。

如果从国族精神的视角理解,那么殖民主义所带来的实质性效应将是国族精神之间的对话。而且再结合国族独立需要国族之间的相互承认为前提,那么至少在原则上,欧洲的、基督教的、日耳曼的精神是一种相互的而不是支配的原则。诚然,黑格尔认为:“就民族精神的确定区别而言,那么这种区别在非洲人种那里已在很大程度上没有意义,同时在真正的亚洲人种那里也比在欧洲人

① G. W. F. Hegel, *Introduction to The Philosophy of History* (Indianapolis and Cambridge: Hackett Publishing Company, 1988), p.55.

② G. W. F. Hegel, *Introduction to The Philosophy of History* (Indianapolis and Cambridge: Hackett Publishing Company, 1988), p.56.

那里出现得少得多，精神在欧洲人那里才从其抽象普遍性走出来到达特殊化的展开了的丰富内容。”①但其实黑格尔并没有单纯地否定某种（过去的）国族精神。黑格尔将动态的、自我超越的维度赋予了欧洲精神，这么做倒不是为了巩固欧洲的帝国主义和殖民扩张倾向，即不是说欧洲精神只有通过对它者的占有、把一切异己都变作它自己的规定，才得以完满。而是说，黑格尔在理论上重构的是各种国族精神对于“世界精神”理念的现实化程度。

三、马克思论 nation 及其未竟的批判

众所周知，马克思没有关于 nation 的系统理论。他作为一个对当代历史有如此独到见解的观察者，作为一个有如此天赋的社会理论家，何以在理论上没有关注 19 世纪欧洲如此重要的社会政治现象？何以没有看到国族对于世界历史的意义呢？一般而言有两种解释：第一，与马克思自己的出身经历有关。他没有在德意志生活太久，年纪轻轻就离开祖国，生活在一个世界主义的环境里，周围都是各个民族的流亡者和革命者。第二，马克思继承了启蒙的遗产。近代启蒙思想家普遍认为，随着理性主义、自由主义和自由竞争的发展，民族冲突必然会消失。这两种解释都有其合理之处，但我们在此主要讨论马克思对黑格尔遗产的处理。

首先，马克思早年对黑格尔关于国家和市民社会的观念论解释表示不满。如他在 1843 年的《黑格尔法哲学批判》手稿中指出：

① 黑格尔：《精神哲学》，杨祖陶译，人民出版社，2006，第 63 页。

“国家是从作为家庭的成员和市民社会的成员而存在的这种群体中产生的。思辨的思维把这一事实说成是观念活动,没有把它说成是群体的观念,而说成是同事实本身有区别的主观的观念活动。……作为出发点的事实没有被理解为事实本身,而是被理解为神秘的结果。”①

其次,马克思始终对“经济基础的变革”与“上层建筑的变革”区分得很清楚:“随着经济基础的变更,全部庞大的上层建筑也或慢或快地发生变革。在考察这些变革时,必须时刻把下面两者区别开来:一种是生产的经济条件方面所发生的物质的、可以用自然科学的精确性指明的变革,一种是人们借以意识到这个冲突并力求把它克服的那些法律的、政治的、宗教的、艺术的或哲学的,简言之,意识形态的形式。……我们判断这样一个变革时代也不能以它的意识为根据;相反,这个意识必须从物质生活的矛盾中,从社会生产力和生产关系之间的现存冲突中去解释。”②同时《德意志意识形态》也不止一次地指出,如国家这样的政治共同体是虚幻的,“普遍的东西一般说来是一种虚幻的共同体形式”③。

此外,马克思所理解的世界历史也与黑格尔明显不同:“历史向世界历史的转变,不是‘自我意识’、世界精神或者某个形而上学幽灵的某种纯粹的抽象行动,而是完全物质的、可以通过经验证明的行动。”④在他看来,德国的历史编纂学和作为最终成果的黑格尔

① 《马克思恩格斯全集》第3卷,人民出版社,2002,第12页。
② 《马克思恩格斯文集》第2卷,人民出版社,2009,第592页。
③ 《马克思恩格斯文集》第1卷,人民出版社,2009,第536页。
④ 《马克思恩格斯文集》第1卷,人民出版社,2009,第541页。

历史哲学，有且只有纯粹民族性和地域性的意义。马克思这么判断的基础在于，随着物质劳动与精神劳动的分离，意识才能够去构造纯粹的理论、神学、哲学、道德等等，这些意识的产物与现存关系所发生的矛盾根本上是由社会关系与生产力的矛盾所决定的。

最后，与我们讨论的主题最为相关的判断应在如下文字中："在一定民族的各种关系的范围内，这种现象的出现也可能不是因为在该民族范围内出现了矛盾，而是因为在该民族意识和其他民族的实践之间，亦即在某一民族的民族意识和普遍意识之间出现了矛盾（就像目前德国的情形那样）——既然这个矛盾似乎只表现为民族意识范围内的矛盾，那么在这个民族看来，斗争也就限于这种民族废物，因为这个民族就是废物本身。"①这些文字已经表明，马克思对于 nation 的批判态度是实践的而非理论的，而且民族意识与普遍意识的矛盾也与黑格尔的国族精神与世界精神的关系不同。在马克思看来，如果一个民族在物质层面、经济基础层面是落后的，那么无论其在精神上如何强大都无济于事。

如上这些马克思与黑格尔的原则性差异，我们已十分熟悉。然而严格说来，马克思对"民族"的讨论并不是在黑格尔所谓"作为国家的民族"的意义上。马克思在思考市民社会问题时自然考虑了国家层面，只是这种国家指的是维持法律、秩序和独立性的强制性装置，而不是一种观念，他不是从精神，而是从物质出发来思考民族及民族间关系："各民族之间的相互关系取决于每一个民族的生产力、分工和内部交往的发展程度。这个原理是公认的。然而

① 《马克思恩格斯文集》第 1 卷，人民出版社，2009，第 535 页。

不仅一个民族与其他民族的关系,而且这个民族本身的整个内部结构也取决于自己的生产以及自己内部和外部的交往的发展程度。”①

马克思早年在颠倒市民社会和国家上、在历史的唯物主义性质上非常决绝。这种选择很快便面临了现实的挑战。马克思离开欧陆之后,在法兰西的路易·波拿巴政变及帝制复辟、东方的克里米亚战争、德意志帝国的统一战争等事件里,国族精神发挥了重要作用,而无产阶级革命事业则遭遇暂时的低谷。马克思曾指出,大工业创造了消灭了各民族独特性的无产阶级,无产阶级把自身组织成为民族,而且世界性的联合行动是无产阶级获得解放的首要条件之一。他在阐述无产阶级自身的集聚功能时借用了民族概念,但这不是单一民族国家意义上的人群集聚,而是作为社会实在的、具有精神集聚效应的民族集聚。马克思对 nation 的理解终归与黑格尔不同,既不是族群,也不是国族,而是具有社会及社会化意义的民族。然而这一革命蓝图尚没有回应一个问题,即如此一个巨大的“自由人联合体”是否会被所有人视为一个共同体,是否有可能成为一个真正的、有意义的、为诸个体提供忠诚和团结的中心?建立在历史传统、伦理习俗或共同文化和语言基础上的民族共同体,是否会在共产主义社会中具体化并产生严重的现实问题?

马克思在阶级分析和制定不同国家无产阶级的革命战略时,把民族看作一种政治力量,而不是一种可以用明确的经济和社会分析来系统解释的现象。例如,尽管马克思(以及恩格斯)经常提

① 《马克思恩格斯文集》第 1 卷,人民出版社,2009,第 520 页。

到和赞扬波兰的起义,但是却没有解释 19 世纪波兰的爱国主义何以如此强烈,并在反对外来势力的频繁起义中表现出来。对于那些已经独立且拥有相对成熟市民社会的国家(如英国和法国),马克思主张无产阶级应当拒绝民族国家和政治共同体概念,不能让民族主义妨碍无产阶级与资产阶级的斗争。而在那些没有独立且没有形成成熟无产阶级主体的地方(如爱尔兰和波兰),马克思则肯定民族斗争之于阶级斗争的优先性与重要性,因为不受外国势力的支配通常是经济社会迅速发展,从而最终解放无产阶级的先决条件。这种区别对待在很大程度上意味着,"政治独立和国族自觉对马克思和恩格斯而言属于纯粹的工具价值,而失去了任何内在的人类、文化或伦理的意义"①。这反倒使当时的马克思没能回应黑格尔国族精神意义上的殖民主义合法性。如今看来,这个历史遗留的理论问题已经在左右着世界社会政治格局的发展和演变。

黑格尔作为"第一位意识到现代性问题的哲学家"②,准确地观察到人类历史进入现代的诸多具体表现:个体自我意识的觉醒、政教分离及民族国家的崛起,以及最为重要的,在国族精神的作用下,按照法权概念把个体整合为国家,从而使个体参与政治生活,使真正的伦理生活成为可能,让国家的活力存在于每个国民身上。如果从这一点出发,我们不难理解为什么说殖民时期英国负有"重

① Z. A. Pelczynski, "Nation, Civil society, State: Hegelian Sources of the Marxian non-theory of Nationality", in Z. A. Pelczynski(ed.), *The State and Civil Society: Studies in Hegel's Political Philosophy* (Cambridge: Cambridge University Press, 1984), p.278.

② 哈贝马斯:《现代性的哲学话语》,曹卫东等译,译林出版社,2004,第 51 页。

建”印度的使命(这是马克思所谓“双重使命”之一)。一旦印度人收获到英国殖民在印度所播撒下的新的社会因素的果实,那么“这个巨大而诱人的国家将得到重建”,而实现重建的过程或者是英国本土工人阶级革命的胜利,或者是印度本土民族起义摆脱殖民的胜利。[①] 然而实际的历史却是,两个“或者”的作用有限,英国的殖民统治使印度形成了精英阶层(尤其在1859年镇压了印度民族大起义之后),印度最终实现了形式上的统一,在这个过程里,更加复杂的本土因素在持续地起作用。

仅从人道主义出发谴责殖民主义的效力是有限的。我们更应关注殖民主义带来的社会政治问题,以及后殖民时代的社会政治该如何建立合适的秩序。在这些方面,国族精神的角色很重要。或是像印度那样遭遇完全殖民的国度如今仍然陷入极度纠结与复杂的境地,或是那些遭遇半殖民的地区(比如中国的香港、澳门、台湾等)在回归之后,正面临或将面临如何在国族精神的层面消除曾经宗主国的影响、如何建立新的国族精神认同等棘手问题。对于19世纪以来民族国家乃至超民族国家形成的趋势而言,马克思在他的时代对国族与国族精神的讨论似乎体现出一种不合时宜,似乎是属于未来的理想。而在无产阶级国家真正在世界历史中出现之后,我们还是有必要回过头来认真对待国族精神。尤其在理论上需要补充和完善马克思主义对非欧社会的讨论,这不仅是对马克思东方社会理论的凝聚与续写,更是自身国族精神在理论上的批判性重构。新中国的成立实现了主权的独立自主,但国族精神

① 《马克思恩格斯文集》第2卷,人民出版社,2009,第690页。

仍是未竟的使命。如黑格尔在谈论国族精神的历史传承时所言，“这种重新领会着的这种领会的精神”成为“更高阶段的精神”的过程将会发生“人类的完善性和教育的问题”。[①] 中华民族的国族精神自觉亦将通过国人的完善与教育，超越殖民主义、后殖民主义的叙事及深刻影响，这理应是在当前这个中华民族伟大复兴与百年未有之大变局相交织的时代亟待回应的课题。

① 黑格尔：《法哲学原理》，邓安庆译，人民出版社，2016，第 474 页。

第四章　资本主义与资本积累

在资本主义批判这一主题里，总是会有一个问题在吸引并困扰着研究者，即资本主义究竟是如何发生和形成的？进而引申出的问题是，资本主义何以在经历了诸多次区域性乃至世界性的危机之后，依然幸存下来？在这一过程中，究竟是何种力量在支撑和推动资本主义发展？要对此类问题展开讨论，就需要回到资本积累问题。

第一节　马克思论原始积累

在批判资本主义的思想家理论家群体里，马克思是独树一帜的一位。在其毕生的政治经济学批判研究里，资本主义始终是马克思致力于批判和超越的对象。同样地，马克思也意识到要想彻底理解资本主义，必须回到资本主义的起源问题，并使用了“原始积累(primitive accumulation)”概念来加以分析。诚然,马克思对原始积累的讨论在其政治经济学批判成果里占很小一部分,但是马克思对这一问题非常重视(特别是随着他的视野逐步超出欧洲大陆),或许只是因为自身身体及最终寿命的缘故,无法得以进一步展开。本节主要从马克思的相关讨论里总结其对原始积累问题的基本观点。

一、从《资本论》第一卷的版本比较看“原始积累”

所谓版本比较主要指《资本论》第一卷的德文版和法文版。《资本论》第一卷《资本的生产过程》主要研究资本直接生产过程中包含的各方面的关系。1867 年出版德文第一版,分为六章。之后,马克思对内容和篇章结构作了修订,于 1872—1873 年以分册形式出版了德文第二版,分为七篇二十五章。这也是如今《资本论》第一卷所通行的版本。在德文版里,马克思对原始积累的讨论主要集中在第二十四章“所谓原始积累”里,而这一章恰恰是《资本论》第一卷法文版的篇章结构调整的主要章节。

《资本论》第一卷法文版的全文经马克思本人的修订,于 1872 年 9 月至 1875 年 11 月出版,编成 44 个分册,分 9 辑发行,1876 年初合订为一卷。从时间上看,德文第二版和法文版几乎是同时进行,但是法文版的时间跨度更长。相较德文第二版的七篇二十五章,法文版在结构上分为八篇共三十三章,法文版比德文第二版多出一篇共八章。德文版的第七篇《资本的积累过程》在法文版中改为两篇,即第七篇《资本的积累》和第八篇《原始积累》,后者乃是德文版第七篇第二十四章《所谓原始积累》,其中原本的七节在法文版中改为七章。我们至少可以从这样的结构修改里推测出,这部分内容在马克思心中的地位不一般。原本第七篇的再分可以理解为马克思将资本的“积累”与“原始积累”二者作进一步的细分,而把“原始积累”部分原先的“节”改为“章”,一方面为了符合以“章”改“篇”之后的体例规范,另一方面也可以理解为马克思有意突出原始积累问题的重要性。

我们可以推测马克思对“原始积累”章节做如此处理的缘由,其中很关键的一点在于,马克思对俄国社会的研究促使他对资本主义起源之复杂性保持谨慎的态度。特别是俄国农村公社的存在使得马克思关注资本主义在欧洲产生的特殊性。

晚近以来的不少研究者都注意到农村公社的独特性。比如,弗朗西斯·沃特斯(Francis M. Watters)认为,农村公社是导致19世纪俄国农业危机的一个主要因素,他用数据说明,1892年的俄国有四分之三的男性农民在公有土地上耕作。到1905年,只有不到5%的农民在个人拥有的私有土地上工作,而在分配的土地上,80%的农民在集体所有制下工作。考虑到农民协会所有的私有土地、公共所有的私有土地和租赁土地,沃特斯得出的结论是,约43%的可耕地是由公社控制的,由比例更大的农民来耕种。①

与沃特斯将俄国农业落后归咎于公社不同,詹姆斯·怀特(James D. White)认为,俄国革命者列宁在讨论俄国资本主义的发

① Francis M. Watters, “The Peasant and the Village Commune”, in Wayne S. Vucinich, *The Peasant in Nineteenth-Century Russia* (Stanford: Stanford University Press, 1968), pp.147-151.

展时并没有认真对待公社问题，列宁只是“把公社归类为一种社会或民族现象，就可以把它排除在对农民的待遇的所有考虑之外。这意味着没有讨论公社、讨论公社的动态，或者讨论公社生活如何影响农民在改革后时代的经济状况”①。在俄国1905年革命之后，俄国农民消灭封建土地所有制的要求日益强烈。为维护地主资产阶级的利益，发展农村中的资本主义，防止革命，时任俄国首相的斯托雷平制定了新的土地政策，在1906—1911年之间推行了旨在摧毁村社制度、扶植富农经济的土地改革。这场改革加速了农民的分化，在一定程度上促进了农村资本主义的发展。然而由于俄国社会中固化的利益冲突，即便是在斯托雷平的铁腕之下，原有体制内的继续改革也变得越来越难，社会发展进入一个瓶颈期，群众中不满和敌对情绪愈发激烈，斯托雷平也于1911年9月被俄国社会革命党人暗杀。

马克思在关注俄国社会之后对原始积累问题的谨慎处理，不仅体现了原始积累问题在其资本主义研究和批判计划中具有独特的重要地位，而且吸引了之后的马克思主义者对这一问题的关注。如第二国际的代表人物罗莎·卢森堡认为，原始积累涉及资本从封建制度中崛起的历史问题：“在原始积累时期，即从中世纪末起直至19世纪为止，欧洲资本主义最初的历史阶段，英国与大陆诸国的剥夺农民财产，是使生产资料和劳动力大量转化为资本的一个最突出的武器。可是，到今天，掌握大权的资本仍然做同样的事情，甚至，在更大的规模上——通过近代殖民政策——来进

① James D. White, *Lenin*: *The Practice and Theory of Revolution* (Hampshire and New York: Palgrave, 2001), p.43.

行。……资本主义一开始就对阻挠它发展的非资本主义社会组织安排有系统的破坏与歼灭。这里,我们已越过了原始资本积累的阶段,但这个过程一直进行下去。”①

再如,20 世纪著名的法国马克思主义哲学家阿尔都塞直接指出了原始积累之于马克思思想的重要地位,他认为《资本论》的第八篇“原始积累”包含了马克思的第二个最伟大的发现:“第一个发现是‘剩余价值’。第二个发现是用于实现‘原始积累’的令人难以置信的手段,这得益于资本主义在西方社会的‘诞生’和发展,也得益于大量‘自由劳动者’(被剥夺了劳动资料的劳动者)的存在和技术的发明。这意味着最残酷的暴力:以盗窃和屠杀清理了资本主义进入人类历史的康庄大道。其中的最后一章包含了一笔尚未开发的巨大财富,特别是如下我们必须推进的论题:直到 20 世纪,资本主义在其大都市的‘边缘’(殖民地和前殖民地国家)一直都在使用最残酷的暴力手段。”②

图尔凯托(Maria Turchetto)注意到马克思对 18 世纪英国的强调,强调强制性的、非经济的方法在雇佣劳动的形成中占主导地位,商人资本的历史是血腥的。《资本论》第一卷中的原始积累“距离古典经济学很遥远,特别是距离斯密的关于通过劳动分工的逐步发展和随之而来的贸易扩张来实现社会进化的思想很遥远”③。

---

① 卢森堡:《资本积累论》,彭尘舜、吴纪先译,生活·读书·新知三联书店,1959,第 292—293 页。

② Louis Althusser, *Lenin and Philosophy and Other Essays* (New York and London: Monthly Review Press, 1971), pp.87-88.

③ Maria Turchetto, “The Historicity of Marx's Categories”, *Science & Society*, no. 3 (2000): 369.

实际上,“原始积累”作为一个概念,其重点在于需要我们理解向资本主义生产方式的转变,而不是仅仅因为历史是这样发生的就被认为是理所当然的或不可避免的。正如马克思所言:“在原始积累的历史中,对正在形成的资本家阶级起过推动作用的一切变革,都是历史上划时代的事情;但是首要的因素是:大量的人突然被强制地同自己的生存资料分离,被当作不受法律保护的无产者抛向劳动市场。对农业生产者即农民的土地的剥夺,形成全部过程的基础。”①随后,马克思补充道:“这种剥夺的历史在不同的国家带有不同的色彩,按不同的顺序、在不同的历史时代通过不同的阶段。只有在英国,它才具有典型的形式,因此我们拿英国作例子。”②可见,马克思在这里还是很清楚地对原始积累问题的讨论留有余地。

我们注意到,马克思在法文版里对原始积累具体区域的限定更为具体了,他特别提到“西欧”:“这种剥夺只是在英国才彻底完成了。因此,英国必然在我们的概述中占着主要的地位。但是,西欧的其他一切国家都正在经历着同样的运动,虽然因环境不同而具有不同的地域色彩,或者局限在较窄的范围内,或者特征不是那么明显,或者过程的顺序不同。”③马克思之所以在两个版本之间作出如此改动,是因为他对俄国社会的研究使他意识到,除非有充分的证据,否则就不应该提出普遍化的主张。

---

① 《马克思恩格斯文集》第 5 卷,人民出版社,2009,第 823 页。
② 《马克思恩格斯文集》第 5 卷,人民出版社,2009,第 823 页。
③ 《马克思恩格斯全集》第 43 卷,人民出版社,2016,第 770—771 页。

二、“原始积累”概念在当代的不严谨使用

马克思把“原始积累”视为资本主义生产方式的起点:“资本积累以剩余价值为前提,剩余价值以资本主义生产为前提,而资本主义生产又以商品生产者握有较大量的资本和劳动力为前提。因此,这整个运动好像是在一个恶性循环中兜圈子,要脱出这个循环,就只有假定在资本主义积累之前有一种‘原始’积累(亚当·斯密称为‘预先积累’),这种积累不是资本主义生产方式的结果,而是它的起点。”①上述表述让如今的许多学者将原始积累的概念与资本主导地位的起源同等对待,这使得“原始积累”一词的使用是不大严谨的。

佩雷尔曼(Michael Perelman)并不满意马克思将原始积累视为过去历史的观点,他认为这样做削弱了原始积累的重要性。他说《资本论》第一卷里关于原始积累的材料与马克思关于积累的讨论本质上似乎没有什么不同,并认为马克思想要将武力和暴力都包括在内。佩雷尔曼认为,“马克思意识到了原始积累的持续性”,而且如今生产者与生产资料的分离仍然在继续:“原始积累仍然是理解资本主义的一个关键概念——不仅是与从封建主义过渡相关的资本主义特定阶段,而且是资本主义本身。原始积累是一个持续

---

①《马克思恩格斯文集》第5卷,人民出版社,2009,第820页。

至今的过程。"[1]总之,佩雷尔曼认为"分离(separation)"是"原始积累"的同义词。而至于为什么马克思自己没有进一步突出生产者与生产资料相分离的持续重要性,佩雷尔曼则觉得马克思对这种分离的暴力面的关注可能掩盖了另一个重要信息,即市场力量本身的残酷。

2001 年 9 月,在线网站 The Commoner 展开了一场关于"圈地(Enclosures)"的讨论。[2] 这里的"圈地"指的是为了资本主义剥削的目的,将劳动者从任何的生产资料中分离出来,使他们成为自由雇佣的劳动者的过程,这个过程经常导致暴力冲突,这种情况一直持续至今。伯恩菲尔德(Werner Bonefeld)于 2008 年将一些围绕原始积累的讨论编辑出版。

其中,德·安杰利斯(Massimo de Angelis)提出了这样一个论点:"原始积累必然存在于'成熟'的资本主义体系里,鉴于资本主义关系的冲突性,原始积累具有'连续'的特征。"他认为,"马克思方法的核心是生产者和生产资料之间的分离概念","积累与原始积累之间的区别,不是实质性的区别,而是实施这种分离的条件和形式的区别"。原始积累是从头开始的分离,而积累则是更大规模的分离:"通过使工作时间合理化、调整工作过程和解雇劳动力,机器的引入旨在绕过已建立起来的'社会障碍',从而在更大范围内重新造成生产力和生产者之间的分离。在这样做的过程中,它使

---

① Michael Perelman, *The Invention of Capitalism: Classical Political Economy and the Secret History of Primitive Accumulation* (Durham and London: Duke University Press, 2000), p.37.

② 具体文章可参见:https://thecommoner.org/back-issues/issue-02-september-2001/.

劳动强度达到了马克思所说的情况,即‘十小时工作日中一个强度较大的小时,同十二小时工作日中一个较松弛的小时相比,包含相同的或者更多的劳动,即已耗费的劳动力’。不用说,任何试图废除规定延长工作时间的法律的行为,都将是重新生产这种分离的行为,是一种原始积累的行为。”一方面,引入机器导致的更密集的工作时间似乎是更大的分离,即积累;另一方面,通过废除工作日法律而强迫更多的工作时间是额外的分离,即原始积累。就此而言,积累与原始积累之间似乎并不涉及具体的历史时期。①

诚然,德·安杰利斯强调生产者与生产资料的分离是值得肯定的,但是正如这部分开头我们所引用的原文所示,马克思并没有以从封建主义到资本主义的历史发展过程来界定原始积累,而是认为原始积累之所以表现为原始的,是因为它形成了资本的史前阶段以及与之相适应的生产方式。面对马克思的这一判断,或许我们还可以认为,原始积累作为资本主义结构的秘密历史,在资本主义积累中被扬弃了,这意味着原始积累的历史形式在积累中提升到一个新的高度。但问题是,马克思本人并没有以这种方式来描述原始积累和积累。可见,对原始积累的当代解释虽然可作为参考,然而也不可尽信。那么,原始积累与积累的关系究竟如何?我们该怎样循着马克思的思路去理解呢?

---

① Massimo De Angelis, “Marx and Primitive Accumulation: The Continuous Character of Capital's ‘Enclosures’”, last modified Sep. 2001, https://thecommoner.org/wp-content/uploads/2019/10/Marx-and-primitive-accumulation-deAngelis.pdf.

三、作为资本之内在历史的原始积累

马克思使用原始积累概念的初衷是理解资本主义生产方式的起源。一般而言,资本主义的生产结构具有三个要素:其一,资金掌握在资本家手中;其二,生产资料作为固定资本和可变资本使用;其三,自由雇佣劳动。在资本主义生产结构中,剩余价值从雇佣劳动中被榨取出来以创造新的资本。资本积累的条件是在资本主义生产方式本身内重现的,但问题是:资本主义积累起源于哪里?这些构成要素,即货币、生产资料和免费的雇佣劳动,是通过什么过程共同为资本家所用的,从而标志着资本积累的开始呢?正是为了回应这个问题,马克思提出并使用了"原始积累"概念,认为原始积累是资本主义模式的初始条件被创造出来的过程。然而,在另一篇重要文献里,他又认为原始积累并不是成熟资本存在的环节。

马克思在《政治经济学批判大纲》中的一句话是我们理解这一问题的关键:"这样一个条件,即资本家要成为资本,就必须把通过他本人的劳动或通过其他方式(只要不是通过已经存在的过去的雇佣劳动)创造出来的价值投入流通这样一个条件,就属于资本的洪水期前的条件,属于资本的历史前提,这些前提作为这样的历史前提已经成为过去,因而属于资本的形成史,但绝不属于资本的现代史,也就是说,不属于受资本统治的生产方式的实际体系。"①这

① 《马克思恩格斯全集》第30卷,人民出版社,1995,第451页。

里可能存在的争论是，一旦资本达到了它的全部形式，即一旦它有可能在资本主义生产中创造资本的存在条件，那么它的历史前提就不再是它的现实环节："资本生成，产生的条件和前提恰好预示着，资本还不存在，而只是在生成；因此，这些条件和前提在现实的资本存在时就消失了，在资本本身从自己的现实性出发而创造出自己的实现条件时就消失了。"①马克思在《资本论》的三卷中谈到了资本的这种现实，它的存在状态，以及它在史前时期的产生和生成。资本的产生依赖于"前资本主义以外"的生存条件，而不是资本主义生产方式的概念所假定的资本。

因此，在马克思的理论中，自给自足的资本有其内在的产生历史，这是一部关于资本积累的前提条件如何被创造出来的历史，但这一历史是从资本存在状态的结构逻辑中衍生出来的。换句话说，只有充分认识到资本存在的条件，我们才能将这一理论旅程带入过去，追溯资本形成的过程。这是一个从现实出发回到过去并由此所看到的原始积累过程，与前资本主义生产方式向资本主义生产方式过渡的无限制的、按时间顺序排列的历史不同，原始积累注定要以自给自足的资本（已经形成的资本）而结束。当马克思在《资本论》第一卷的最后一节中详细讨论英国的原始积累时，他是为了揭示已经建立起来的独立的英国资本的内在历史，并说明英国前资本主义制度的结构性变化是如何由强制权力的特定形式以及殖民地的剥削所带来的，从而创造了资本的初始条件。之后的学者们似乎大多忽略了"原始积累"概念的"事后"性质：只有在资

① 《马克思恩格斯全集》第30卷，人民出版社，1995，第451—452页。

本完全形成之后,才能把握资本主义生产方式自给自足的内在历史,但是这与实际的转换过程是不同的。

比如,我们可能习惯于将第三世界的经济形态解释为资本主义模式和前资本主义模式的复合体,而后者是资本主义生产的廉价原材料和劳动力的来源。在这种观点里,前资本主义的存在理由是它满足了资本的经济需求。但问题是,如果说资本主义生产为了确保其自身的再生产就必须依赖它的外部,那么,正如马克思在《政治经济学批判大纲》中所强调的那样,这样的资本尚不是自给自足的资本,而仍然是正在生成的资本。资本主义生产只有在其对雇佣产品和资本产品的全部需求都在资本领域内生产时才能自给自足。换句话说,资本的自我生存意味着资本主义体系内的各个部门在扩大再生产的过程中相互支持,不与外界进行任何交易,以更新其再生产的条件。

就此而言,要把握马克思对原始积累的讨论,既需要把原始积累理解为资本自给自足的内在历史,也需要把握原始积累与资本积累之间的重要区别(而不是将二者混淆)。在资本主义生产体系中,剩余是以剩余价值的形式产生的,剩余价值是总劳动支出与劳动再生产所必需的劳动之间的差额。它是一种经济盈余,是生产的一部分,资本积累就是把这些盈余转化为新的资本。而原始积累在同样的意义上并不指经济盈余。它是将货币转化为实际资本的过程,货币通过贸易积累在潜在资本家手中,直接生产者在前资本主义制度下拥有的劳动资料被剥夺后,这些钱被用来购买劳动资料,并将它们转化为资本。

劳动力是在市场上用金钱购买的。它是将现有的劳动资料资本化,而不是创造新的资本。当英国的圈地运动导致农民被赶出土地时,他们先前控制的劳动资料成了资本家地主的可交易的剩余。这些可售卖的剩余通过市场交换进入资本主义生产。只有当它与资本主义生产体系内的商品化劳动力相结合时,以剩余价值形式存在的经济剩余即资本积累才开始产生。因此,原始积累并不是将经济剩余从前资本主义的农业部门转移到资本主义的工业部门。劳动资料一旦从前资本主义生产中解放出来,就会以市场剩余的形式流向资本主义部门。如果将原始积累视为经济盈余的转移,那么,原始积累自然也就可以纳入资本积累的过程,并且也不再会作为一个特定的历史时期而被关注,我们更无法注意到原始积累的暴力因素在资本主义发展过程中始终发挥着重要的作用。资本主义的另一面在"乱花渐欲迷人眼"的欣欣向荣里被粉饰,那些在依然存在原始积累色彩的地区生存的人们,也不过成为因欠发展而理应被抛弃的剩余。

第二节　资本积累的复杂性与马克思主义的资本积累

对于学术研究而言,一个概念在使用上的模糊是大忌。比如上文提到的对原始积累与资本积累的含糊处理,既不利于我们理解原始积累,也使得资本积累的某些残酷的方面被掩盖。本节主要讨论资本积累的复杂性,揭示马克思主义意义上的资本积累内涵,探索其对于展开资本主义批判的重要意义。

一、古典政治经济学中的“资本”

“积累啊，积累啊！这就是摩西和先知们！……为积累而积累，为生产而生产——古典经济学用这个公式表达了资产阶级时期的历史使命。”[①]马克思在《资本论》第一卷里确实花了一些篇幅来讨论资本积累问题。那么，马克思究竟是如何界定资本积累的呢？

列宁曾经清楚地意识到“资本积累”的重要意义，他说：“马克思对资本积累的分析是极其重要和新颖的。资本积累，就是把一部分剩余价值转化为资本，不是用它来满足资本家的个人需要或嗜欲，而是把它投入新的生产。马克思指出，整个先前的古典政治经济学（从亚当·斯密起）的一个错误就在于，它认为剩余价值在转化为资本时全部都用作可变资本。而事实上，剩余价值分为生产资料和可变资本。”[②]列宁对马克思关于资本积累观点的总结有一定道理，但是并不能完全解释为何马克思又会声称“资本的积累就是无产阶级的增加”。

其实理解“资本积累”的关键在于理解“资本”。我们先看古典政治经济学是如何界定资本的。比如，亚当·斯密认为：“（一个人）所有的资财，如足够维持他数月或数年的生活，他自然希望这笔资财中有一大部分可以提供收入；他将仅保留一适当部分，作为未曾取得收入以前的消费，以维持他的生活。他的全部资财于是

① 《马克思恩格斯文集》第5卷，人民出版社，2009，第686页。
② 《列宁专题文集 论马克思主义》，人民出版社，2009，第22页。

分成两部分。他希望从以取得收入的部分,称为资本。另一部分,则供目前消费。"①为投资者提供收入或利润的资本有两种使用方法,依据不同的使用方法可以分为不同的资本:"用来生产、制造或购买物品,然后卖出去以取得利润"的资本,称为"流动资本";"用来改良土地,购买有用的机器和工具,或用来置备无须易主或无须进一步流通即可提供利润的东西"的资本,称为"固定资本"。② 资本的积累就是这些要素的存量的增加。李嘉图对"资本"的定义更为精确:"资本是国家财富中用于生产的部分,包括实现劳动所必需的食物、衣服、工具、原料、机器等等。"③所谓生产劳动所需要的温饱,自然是指劳动者的生存需要,它必须随着生产的发展而进步,而不局限于农业环境。

马克思当然不会完全接受古典经济学的方法来理解"资本积累"。在资本主义的情境里,马克思《资本论》里的固定资本或不变资本由生产原材料、工具和机器所需的劳动时间来决定,而可变资本则由生产工人生存所需的劳动时间来决定。马克思早期的著作并没有关注资本积累,他在使用资本积累的方式上或许类似于古典经济学家,但在《资本论》中,马克思所使用的"资本"一词在根本上指的是资本家阶级和雇佣劳动者阶级之间的关系。《资本论》第一卷关于殖民的最后一章里,甚至有一段说生产资料不一定是资

① 亚当·斯密:《国民财富的性质和原因的研究》上卷,郭大力、王亚南译,商务印书馆,1972,第 254 页。

② 亚当·斯密:《国民财富的性质和原因的研究》上卷,郭大力、王亚南译,商务印书馆,1972,第 254—255 页。

③ 大卫·李嘉图:《政治经济学及其赋税原理》,郭大力、王亚南译,商务印书馆,2013,第 76—77 页。

本,并且批评了古典政治经济学家的观点:“我们知道,生产资料和生活资料,作为直接生产者的财产,不是资本。它们只有在同时还充当剥削和统治工人的手段的条件下,才成为资本。但是,在政治经济学家的头脑中,它们的这个资本主义灵魂和它们的物质实体如此紧密地结合在一起,以致在任何情况下,甚至当它们正好是资本的对立面的时候,他也把它们称为资本。”①

《资本论》乃是对政治经济学的批判,这意味着对资产阶级政治经济学整体结构的批判。如果马克思将“资本”重新定义为一种阶级关系,那么资本的积累当然也适用于讨论这种阶级关系的“积累”问题。马克思确实也曾明确地提到,资本积累以渐进的规模再现了资本关系,在这一极有更多或更大的资本家,在那一极有更多的雇佣工人,也即无产阶级的增加。然而遗憾的是,马克思本人并没有像他使用“劳动力”概念以区别于古典政治经济学的“劳动”那样,在“资本积累”概念上也进行类似的区分工作。这虽然为后来者理解资本积累敞开了诸多可能,但是也使得资本积累在马克思思想及马克思主义中的特殊性隐而不现了。或许我们应该明确一种强调阶级及阶级关系的马克思主义的资本积累概念,以区别于资产阶级的政治经济学。

二、《资本论》中的“资本积累”

马克思对资本积累最重要的讨论是在《资本论》第一卷第七篇

① 《马克思恩格斯文集》第5卷,人民出版社,2009,第878页。

《资本的积累过程》之中,并在第二卷第三篇《社会总资本的再生产和流通》(特别是最后一章即第二十一章《积累和扩大再生产》)中有所补充。

"资本积累"是在《资本论》第一卷第二十二章《剩余价值转化为资本》中定义的,该章开头一段便是:"我们以前考察了剩余价值怎样从资本产生,现在我们考察资本怎样从剩余价值产生。把剩余价值当作资本使用,或者说,把剩余价值再转化为资本,叫作资本积累。"①随后,马克思使用了单个资本家的例子来说明:资本积累意味着生产过程中使用的生产资料的价值和劳动力支出的价值的增加,即不变资本和可变资本的增加。马克思继续说:

"要积累,就必须把一部分剩余产品转化为资本。但是,如果不是出现了奇迹,能够转化为资本的,只是在劳动过程中可使用的物品,即生产资料,以及工人用以维持自身的物品,即生活资料,所以,一部分剩余劳动必须用来制造追加的生产资料和生活资料,它们要超过补偿预付资本所需的数量。总之,剩余价值所以能转化为资本,只是因为剩余产品(它的价值就是剩余价值)已经包含了新资本的物质组成部分。

"但要使这些组成部分真正执行资本的职能,资本家阶级还需要追加劳动。如果从外延方面或内涵方面都不能增加对已经就业的工人的剥削,那就必须雇用追加的劳动力。而资本主义生产的机制也已经考虑到了这一点,因为它把工人阶级当作靠工资过活的阶级再生产出来,让他们的通常的工资不仅够用来维持自己,而

---

①《马克思恩格斯文集》第 5 卷,人民出版社,2009,第 668 页。

且还够用来进行繁殖。资本只要把工人阶级每年向它提供的各种年龄的追加劳动力同已经包含在年产品中的追加生产资料合并起来，剩余价值向资本的转化就完成了。具体说来，积累就是资本以不断扩大的规模进行的再生产。简单再生产的循环改变了，按照西斯蒙第的说法，变成螺旋形了。"①

这里描绘的是单个资本家的形象，实际上也就是整个资本家阶级的形象，有十个工厂，每个工厂有一千名工人，通过建立第十一个工厂来积累资本，并雇用另外一千名工人，这些工人必须支付他们的可变资本（他们的生存所需）。这没有考虑到技术变化会降低工人用他们的工资消费的商品的资本成本，也就是说，降低劳动力的交换价值，以雇佣相同的工人来获得更少的可变资本。换句话说，在之前部分中讨论过的相对剩余价值的生产没有包括在内。这个例子也没有说明新工厂采用了一种会改变雇佣工人数量的技术，当然，也没有说明新工厂使用了一种为生产保留劳动力的技术。此外，马克思最初的定义或通过例子的阐述，都没有提到积累导致的生产增长。

在上引两段中的第一段的结尾，马克思在法文版中添加了一个重要的脚注。他说，在撇开了出口贸易之后，"为了对我们的研究对象在其纯粹的状态下进行考察，避免次要情况的干扰，我们在这里必须把整个贸易世界看作一个国家，并且假定资本主义生产已经到处确立并占据了一切产业部门。"②

之后的一章即第二十三章《资本主义积累的一般规律》（法文

① 《马克思恩格斯文集》第 5 卷，人民出版社，2009，第 670—671 页。
② 《马克思恩格斯文集》第 5 卷，人民出版社，2009，第 670 页。

版第二十五章),总结了资本主义积累的内容,也是我们把握马克思如何界定资本积累的关键:

“资本的增长包含它的可变组成部分,即转变为劳动力的组成部分的增长。转化为追加资本的剩余价值总要有一部分再转化为可变资本,或追加的劳动基金。假定资本的构成不变,也就是说,为了推动一定量的生产资料或不变资本始终需要同量劳动力,同时其他情况也不变,那么,对劳动的需要和工人的生存基金,显然按照资本增长的比例而增长,而且资本增长得越快,它们也增长得越快。……简单再生产不断地再生产出资本关系本身:一方面是资本家,另一方面是雇佣工人;同样,规模扩大的再生产或积累再生产出规模扩大的资本关系:一极是更多的或更大的资本家,另一极是更多的雇佣工人。……因此,资本的积累就是无产阶级的增加。”①

这里很清楚地指出,资本积累的基本因素是雇佣劳动的增加,而非不变资本的增加。注意这里提到的是“更多的”资本家或“更大的”资本家,但是当涉及劳动力问题时,它仅仅是“更多的雇佣工人”,意味着“量”才是关键。更多的生产资料虽然看起来是必需的,但是马克思在这里却没有提及。

《资本论》第二卷第三篇《社会总资本的再生产和流通》的最后一章《积累和扩大再生产》,是《资本论》中又一处讨论资本积累的地方。马克思在开头处便指出了第一卷和第二卷讨论积累问题的区别(第一卷讨论单个资本家,第二卷讨论全年的总再生产),并且

① 《马克思恩格斯文集》第 5 卷,人民出版社,2009,第 708—709 页。法文版关于这部分的表述更加简明。

用公式来说明积累。不难发现,第二卷的讨论特别突出了不变资本和可变资本问题,而这两种资本也是马克思在第一卷里曾经指出的斯密和李嘉图在资本积累问题上犯的错误,他们认为所有用于积累的剩余价值都只用于可变资本,即劳动力的购买,而马克思认为,积累起来的剩余价值实际上也用于不变资本:

"亚·斯密使人们形成一种流行的看法,把积累仅仅看成剩余产品由生产工人消费,或者说,把剩余价值的资本化仅仅看成剩余价值转变为劳动力。……李嘉图和一切以后的经济学家追随亚·斯密一再重复地说:'加入资本的那部分收入,是由生产工人消费的',这就大错特错了。根据这种看法,所有转化为资本的剩余价值都要成为可变资本了。其实,剩余价值和原预付价值一样,分成不变资本和可变资本,分成生产资料和劳动力。"①

在《资本论》第一卷法文版的第二十五章第三节,马克思说道,与资本主义早期相比,现代工业扩张也依赖于"工人阶级的一部分周而复始地不断变成半失业的或者完全失业的人手"②。第四节则有马克思的评论:"资本主义制度一旦占领农业,在那里对劳动的需求就随着资本的积累而绝对地减少。在农业部门,对劳动力的排斥不像在其他产业中那样,会由于更大规模的吸引而得到补偿。"③换句话说,在农业中,这样的情况仍然代表着较少农业工人的资本积累;然而,在资本主义统治下(而不仅仅是农业),可能会有更多的工人。与这一章的开头相比,资本积累的定义似乎重新

① 《马克思恩格斯文集》第5卷,人民出版社,2009,第680—681页。
② 《马克思恩格斯全集》第43卷,人民出版社,2016,第679页。
③ 《马克思恩格斯全集》第43卷,人民出版社,2016,第689页。

被打开了。看来,资本积累问题比想象中还要复杂。

在马克思主义内部至少有一条原理是被承认的,即随着积累的发生,不变资本与可变资本的比率也随之上升。这一原理产生于《资本主义积累的一般规律》这章的第二节和第三节。然而我们注意到,在之前一章《剩余价值转化为资本》里,马克思也讨论了资本积累的基础性问题,说明了一些特殊的情况,即当积累发生时,不变资本可能根本不会上升。马克思对三个基本部门——工厂、采掘业和农业进行了长段论述。在工厂里,“由提高劳动力的紧张程度而获得的追加劳动,没有不变资本部分的相应增加,也能够增加剩余产品和剩余价值,即积累的实体”;在采掘业,“由于劳动力具有弹性,即使不预先增加不变资本,积累的领域也能扩大”;在农业中,“只要原有数量的工人付出更多的劳动量,不必预付新的劳动资料,也可以提高肥力。这又是人对自然的直接作用,这种作用无须新资本的介入,也会成为扩大积累的直接源泉”。① 因此,对资本积累的界定或许也包括不变资本没有增长的情况,既可能没有绝对增长,也可能没有相对于可变资本的增长的情况。

所以我们认为,马克思在《资本论》里讨论的资本积累问题并没有一个相对统一的定论。这种情况是可以理解的,因为马克思自己已经意识到资本积累问题非常重要,但是处理起来又极为困难。1875 年 2 月(这正是马克思修订《资本论》第一卷法文版的时候),他在致拉甫罗夫的信中提到:“法文版中最重要的修订,是在尚未出版的各部分里面,即在关于积累的几章里面。”②

① 《马克思恩格斯文集》第 5 卷,人民出版社,2009,第 696—697 页。

② 《马克思恩格斯全集》第 34 卷,人民出版社,1972,第 117 页。

在《资本论》第三卷里也有零星几处谈到资本积累问题。例如，在讨论利润率下降规律的内部矛盾时，马克思写道："正是劳动条件和生产者之间的这种分离，形成资本的概念；这种分离从原始积累（第一册第二十四章）开始，然后在资本的积累和积聚中表现为不断的过程，最后表现为现有资本集中在少数人手中和许多人丧失资本（现在剥夺正向这方面变化）。如果没有相反的趋势总是在向心力之旁又起离心作用，这个过程很快就会使资本主义生产崩溃。"①这表明，劳动力与生产资料的分离是资本自身积累的一部分，这是一个从原始积累"开始"的过程。另一个例子是有关农业的案例："尽管投在工资上的可变资本相对减少，工人的绝对人数仍然会增加，这并不会发生在一切生产部门，也不会均等地发生在一切生产部门。在农业中，活劳动要素的减少可以是绝对的。此外，雇佣工人的人数尽管相对减少，但仍然会绝对增加，这只是资本主义生产方式的需要。"②

总之，马克思在三卷本《资本论》中对"资本积累"的讨论终究给我们留下了一个模糊的印象，尽管在定义和使用"资本积累"概念方面，马克思更加强调劳动力增加的重要性。近期的一项研究工作又讨论了这一问题："资本积累或价值的自我扩张是资本主义模式的基调，当货币资本形式的利润被当作生产性资本进行反复投资，这里的生产性资本包括土地、工具和机器，就有可能生产更

---

①《马克思恩格斯文集》第 7 卷，人民出版社，2009，第 275 页。

②《马克思恩格斯文集》第 7 卷，人民出版社，2009，第 293 页。

多可供出售的商品,并创造更多货币形式的利润。"①这样的界定仍然和马克思本人有一定距离,因为价值和更多的价值并不是来自机器和更多的机器(不变资本和更多的不变资本),而是来自活劳动和更多的活劳动。在这一意义上,我们的确有必要给出一种马克思主义的资本积累界定。

三、马克思主义的资本积累

界定马克思主义的资本积累的目的在于,将之区别于资本积累的古典政治经济学概念,出发点是马克思对资本积累的界定更加侧重于社会关系的规模的扩大而非单纯的不变资本的增加。因此,我们对马克思主义的资本积累所下的定义是:生产剩余价值及相关不变资本的雇佣劳动的增加。这种积累通常包括额外的不变资本。它指的是生产部门,而不是非生产部门。资本的构成(不变资本与可变资本的比率)是否也随之增加并不直接与此相关。在这个定义下,如果没有生产性的雇佣劳动的增加,就没有所谓资本积累。一般而言,雇佣劳动的增加主要有三个因素,其一,相对剩余人口(产业后备军)和较长的工作时间;其二,社会总人口的增长;其三,伴随着国内外市场发展的无产阶级化,包括吸引妇女和儿童等新的人群。

马克思在写作《剩余价值理论》手稿的时候曾经讨论了李嘉图

---

① 亨利·海勒:《马克思主义的资本主义史》,余达淮、刘沛妤译,江苏人民出版社,2020,第18页。

的积累理论，他在其中明确提到了上述这三个因素。关于增加工作时间的可能性，马克思认为“不能把这看作是积累的经常的手段”。关于第二个要素，在马克思看来，不断增长的人口是一个稳定、持续的积累过程的基础。“由于工人人口随着整个人口的增加而绝对增加，（就业工人的人数也可能增加。）只有在人口这样绝对增加（虽然和使用的资本相比，人口相对减少了）的条件下，积累才能成为经常的不断的过程。人口增加表现为积累这个经常过程的基础。但是这就需要有一种不仅能够再生产工人人口，而且能够使工人人口不断增加的平均工资。为了应付突然情况，资本主义生产已作了准备：它迫使一部分工人人口进行过度劳动，又使另一部分工人人口陷于赤贫或半赤贫状态，作为后备军储备起来。”关于第三点，马克思虽然没有谈太多，但确实说过：“如果原来的非生产劳动者变成生产劳动者，或者原来不劳动的那部分人口如妇女、儿童、贫民被吸收到生产过程中来，工人人口就可能增加。”①

卢森堡在这方面谈得更加直接，并认为世界性的无产阶级化至少在理论上具有决定性的作用，甚至仅就这个判断而言，卢森堡在一定程度上超越了马克思本人对资本积累的讨论，她揭示了现当代资本主义社会的暴力和阴暗的一面：“其实，具有跳跃式扩张的资本积累，决不能满足于等待非资本主义形态内部的自然分解从而转变为商品经济，正如它不能满足于等待劳动人口的自然增加一样。强力是资本所采用的唯一解决方法。作为一个历史过程来看，资本的积累不仅在它诞生时，而且直至今日，都使用强力作

① 《马克思恩格斯全集》第26卷第2册，人民出版社，1973，第545页。

为一个永久的武器。”①

当我们如此界定马克思主义的资本积累概念,的确会引出更多深层次的问题,比如:社会各阶级之间的关系和斗争,而不限于纯资本主义环境下的资本与雇佣劳动之间的关系和斗争,这就意味着在阶级关系之外,一切可能的存在的社会关系都可以与资本积累关联在一起。“积累是对社会财富世界的征服。它在扩大被剥削的人身材料的数量的同时,也扩大了资本家直接和间接的统治。”②如此一来,我们便把资本积累问题集中在阶级及阶级关系问题上,远离诸如积累的目的是提高生产率这样的主张。马克思主义的资本积累自身要求一个更严格的理论结构,甚至于像“资本主义”这个词一样,形成一套自洽的体系,而不是像以往一样不严谨地使用资本积累概念,它必须带有足够的批判性。由此我们才可能更好地切入当代,观察当代资本主义发展中的资本积累问题:如今的资本积累已经达到何种程度?它还有多少空间可以继续发展?资本积累除了人口要素,还有哪些内在机制等待我们去发掘?

第三节　资本积累的“抽离”机制

对资本主义及其相关要素的批判是马克思主义研究的经典命题。其中,资本主义何以在经历了危机之后继续幸存是争论的焦

① 卢森堡:《资本积累论》,彭尘舜、吴纪先译,生活·读书·新知三联书店,1959,第293页。

②《马克思恩格斯文集》第5卷,人民出版社,2009,第684页。

点。虽然资本积累的速度、速率、程度和广度等会发生不同程度的变化,但资本积累的脚步从未停息。从字面上理解,"积累"一般是通过"聚合"来实现,而资本积累的特殊性在于它通过"抽离"来实现。本节意在揭示资本积累的"抽离(ex-)"机制,正是这一机制处于资本主义运作和自愈的核心,它主要表现为如下三种形式:剥削(exploitation)、剥夺(expropriation)与驱离(expulsion)。

一、剥削与积累

在西方主流经济学的叙事里,市场交换(exchange)视角占据着主导地位。交换意味着一种"抽离",这种抽离非常直接,即分别从买者和卖者那里"抽离"一定的"物",通过订立契约的方式来进行等价交换。市场则是使交换能够进行的机构,只有在完全的市场中,在每个当事者都能直接或间接地与其他当事者交换的条件下,才能确保最优的生产和分配。而这样的市场也必须是竞争性的,即有许多买家和卖家、没有进出的障碍、可以获取完善的信息、遵循法律强制执行的合同等。一个完善的市场体系提供了一种机制来协调追求自身利益的个人的活动,从而体现了基本的社会和政治制度框架,这种框架允许经济学家去假设:人类依靠自身的理性行为可以产生最佳的效率和福利。然而,这种"交换"意义上的"抽离"机制并不能解释资本积累的过程。基于互惠原则和理性交换原则,资本市场似乎在平稳运转,但实际却风起云涌。

马克思洞悉了资本隐秘的生产场所,他围绕"剥削"来揭示资本积累的秘密。剥削是将生产资料从生产者那里"抽离"出来,除劳动力之外一无所有的生产者,只能通过出卖劳动力的方式来维持自己及其家庭生存。资本家为了实现资本的增殖,在合契约的基础上从雇佣劳动中“榨取(extract)”剩余价值。因而,资本家必须尽可能有效地组织起特定的商品生产过程,必须让他雇佣的工人们尽可能高效地工作:一方面,他使那些拿工资的劳动者在同一时期内工作更长时间和(或)从事更多、更大强度、更复杂的工作;另一方面,提高劳动生产率,以便在同一时期生产更多的商品。资本家发明并运用“绝对”剩余价值和“相对”剩余价值生产的方法,以更加精明和系统的方式,改变了商品生产的世界。

马克思从他那个时代的工业资本的活力中看到了两种内在动力。第一种动力来自雇主(资本家)与雇员(工人)之间的持续斗争,前者寻求尽可能有效地剥削工人,而后者则以一切可能的手段去抵制剥削,这场斗争在一定程度上是通过新发明新机器的应用、劳动过程的重组,以及用各种机械化自动化装置取代工人的技能和经验而进行的。第二种动力来自雇主之间的斗争,这场斗争在市场内外不断激化。谁能更好地剥削工人,谁更具有所谓创新精神,谁更能引进和应用先进的技术,谁能更快更好地重组整个工厂,谁能在危机到来之前最迅速地在行业分支之间转移资金,谁就会成为资本市场的赢家。

资本增殖的结果是剩余价值的增长,这些剩余价值被从事工业生产的资本家占用,并继续转化为额外的资本。将剩余价值转化为新积累的资本是资本增殖过程的必然结果。资本主义对抽象财富的追求变成了一个无限的资本积累过程,其中包括工业资本的物质再生产、货币再生产,以及资本作为一种社会关系的再生产。在这一过程中,资本家变得更富有、更强大,拥有更多或更大体量的资本,而领工资的劳动者从这一过程中走出来时,仍像以前一样一无所有,他们唯有依靠资本家阶级来获得工作和收入,甚至愈发受到资本的支配,没有自主退出的选择余地。对资本家来说,资本积累没有止境,每个资本家都在积累,以求跟上或超过竞争对手的积累速度,资本积累将以不断加速的速度继续下去。

剥削式积累即是“资本主义的积累(capitalist accumulation)”,而马克思还讨论了资本的“原始积累(primitive/original accumulation)”。二者的关系有必要搞清楚,这是我们进一步理解除剥削之外的抽离机制的前提。

资本主义的积累起源于哪里?其构成要素(如货币、生产资料和自由雇佣劳动等)是通过什么过程为资本家所有,从而标志着资本积累的开始?对此,马克思提出了资本的原始积累概念。在他的判断里,一方面,原始积累是资本主义模式的初始前提被创造出来的过程,而另一方面,原始积累又有其阶段性:“这样一个条件,即资本家要成为资本,就必须把通过他本人的劳动或通过其他方式(只要不是通过已经存在的过去的雇佣劳动)创造出来的价值投入流通这样一个条件,就属于资本的洪水期前的条件,属于资本的历史前提,这些前提作为这样的历史前提已经成为过去,因而属于资本的形成史,但决不属于资本的现代史,也就是说,不属于受资本统治的生产方式的实际体系。”①这表明,一旦资本实现了它的全部形式,即一旦它有可能在资本主义生产中创造资本的存在条件,

① 《马克思恩格斯全集》第30卷,人民出版社,1995,第451页。

它的历史前提就不再是它的现实环节:“资本生成,产生的条件和前提恰好预示着,资本还不存在,而只是在生成;因此,这些条件和前提在现实的资本存在时就消失了,在资本本身从自己的现实性出发而创造出自己的实现条件时就消失了。”[①]可见,马克思将资本的原始积累作为资本的内在历史来呈现,而只有当资本真正“存在”之后,资本才能作为一种普遍的生产方式进行自我建构和再生产:“一旦资本成为资本,它就会创造它自己的前提,即不通过交换而通过它本身的生产过程来占有创造新价值的现实条件。”[②]

在印度当代学者卡利安·桑亚尔(Kalyan Sanyal)看来,“资本主义生产体系内的积累”与“资本的原始积累”之间存在着关键区别。在资本主义生产体系中,剩余是以剩余价值的形式产生的,剩余价值是一种经济的剩余,资本主义的积累就是把这种剩余转化为新的资本。而资本的原始积累并不指经济剩余,它是将货币转化为固定资本或可变资本的过程,“这是现存的劳动资料的资本化,而不是新资本的创造”。[③] 在这一意义上,我们可以把这两种积累视为资本积累的两个前后相继的阶段。如果说剥削式抽离揭示了资本主义积累环节的秘密,那么资本原始积累的秘密则存在于另一种“抽离”机制——“剥夺”之中,后者发生在资本主义体系的边缘或外围,由外向内地跨越边界转移。

---

① 《马克思恩格斯全集》第30卷,人民出版社,1995,第451—452页。

② 《马克思恩格斯全集》第30卷,人民出版社,1995,第452页。

③ Kalyan Sanyal, *Rethinking Capitalist Development: Primitive Accumulation, Governmentality and Post-colonial Capitalism* (London: Routledge, 2007), p.51.

二、剥夺、移民与产业后备军

“剥夺”在于把可剥夺的人口及相关资源从其自身的地方性中“抽离”出来。在马克思那里，剥夺表现为两种形式。

第一种形式是城市资本对农业生产的剥夺。把农村居民从土地上赶走，而使人口集中于工业城镇，这种剥夺人民群众的土地的做法正是资本主义生产方式的基础。随着土地的集中、现代耕作方法的引进、科学技术在农业生产中的系统应用，以及新型机械化设备的部署等，这场农业革命使无数农村生产者遭受沉重打击。《资本论》里如是说道：“农业革命的第一个行动，就是以极大的规模，像奉天之命一样，拆除耕地上的那些小屋。因此，许多工人不得不到村镇和城市里去寻找栖身之所。在那里，他们就像废物一样被抛进阁楼、洞窟、地下室和最糟糕的街区的屋角里。”①

《资本论》第一卷用了数章篇幅来分析和痛斥资本主义对农村生产者的集体剥夺、将他们驱逐到工业城市，以及通过血腥的立法来强迫他们接受雇佣劳动的做法。马克思之所以选取英国作为他分析的例子，是因为城市资本对于农业生产的剥夺在英国具有典型的形式。然而，他并不否认剥夺的历史“在不同的国家带有不同的色彩，按不同的顺序、在不同的历史时代通过不同的阶段”，只是这些“不同”并不能掩盖资本积累的普遍事实，那就是“大量的人突然被强制地同自己的生存资料分离，被当不受法律保护的无产者

① 《马克思恩格斯文集》第5卷，人民出版社，2009，第813—814页。

抛向劳动市场”,而这个过程的基础又在于“对农业生产者即农民的土地的剥夺”。①

第二种剥夺形式是全球资本和世界市场对奴隶和移民劳工的剥夺。正如马克思所说:“美洲金银产地的发现,原住民的被灭、被奴役和被埋葬于矿井,对东印度开始进行的征服和掠夺,非洲变成商业性地猎获黑人的场所——这一切标志资本主义生产时代的曙光。”②英国工业资本积累的命脉既来自英国和爱尔兰的雇佣劳动者,也来自殖民地的原材料输入。1861 年 10 月,《纽约每日论坛报》刊登了一篇题为《不列颠棉花贸易》的文章,马克思在文末总结了英国现代工业的发展依靠双重奴隶制——“对英国白人的间接奴隶制相对大西洋彼岸黑人的直接奴隶制。”③英国的资本积累一方面通过“剥夺”爱尔兰而获利:“爱尔兰仅仅是英格兰的一个被大海峡隔开的农业区,它为英格兰提供着谷物、羊毛、牲畜、工业新兵和军事新兵。”④另一方面受到跨洋移民的影响。英国向北美、澳大利亚和南非等地的混合移民,促成了英国资本在全球的领先地位,加强和扩展了大英帝国的版图和影响。在这一过程中,它促进了全球劳动力市场的形成,这是世界市场中一个独立而重要的部分。

全球劳动力市场的形成与世界市场的形成是同步的,且始终被工业资本和殖民列强统治着。在很长一段历史时期里,殖民地在宗主国高度“文明”的资本的控制下,最普遍的劳动形式不是雇

---

①《马克思恩格斯文集》第 5 卷,人民出版社,2009,第 823 页。

②《马克思恩格斯文集》第 5 卷,人民出版社,2009,第 860—861 页。

③《马克思恩格斯全集》第 15 卷,人民出版社,1963,第 334 页。

④《马克思恩格斯文集》第 5 卷,人民出版社,2009,第 808 页。

佣劳动，而是奴隶劳动、强迫劳动，以及由移民所从事的各种半奴役、半自由的劳动。这些劳动形式在欧洲也持续了几个世纪，之后随着工业革命的到来，情况发生了变化，形成了现代形式的奴隶制，即马克思所谓“以新大陆的赤裸裸的奴隶制作为基础”的“隐蔽的雇佣工人奴隶制”。[①] 如在《政治经济学批判大纲》里，马克思把“黑奴制”称为“纯粹的产业奴隶制”，认为它意味着雇佣劳动，这种形式与资产阶级社会的发展并不相容，并且必然会随着资产阶级社会的发展而消失。[②] 非裔奴隶（以及来自亚洲的苦力）为处于大都市中心地带的工业提供了原材料，是超额利润的来源。“至于投在殖民地等处的资本，它们能提供较高的利润率，是因为在那里，由于发展程度较低，利润率一般较高，由于使用奴隶和苦力等等，劳动的剥削程度也较高。”[③]如果不考虑殖民主义，那么世界市场的形成是令人费解的，强迫移民是西方殖民主义历史的重笔。

被剥夺的移民一开始并不一定处于全球劳动力市场中最低级、最受剥削和最不安的那一层。如美国殖民地一开始对印第安原住民的强制征收和灭绝策略，再加上淘金热，使得许多欧洲移民在美国发家致富，成为拥有土地的农民或资本积累者。但很快，这个大共和国已经不再是迁移来的工人的天堂。因为一方面，从欧洲来的移民浪潮迅速地把人们抛到东部的劳动市场上，而涌向西部的移民浪潮还来不及把这些人卷走。另一方面，美国南北战争的结果造成了巨额国债和沉重赋税，由此产生的金融贵族通过分

---

① 《马克思恩格斯文集》第 5 卷，人民出版社，2009，第 870 页。
② 《马克思恩格斯全集》第 30 卷，人民出版社，1995，第 177 页。
③ 《马克思恩格斯文集》第 7 卷，人民出版社，2009，第 265 页。

送公有土地给投机公司的方式造成了最迅速的资本集中。这就是为什么资本会不断促使更多的劳工移民到最具发展活力的经济体,这是为了确保有直接使用的劳动力,为了控制和压低工资,为了增加劳动力对资本的依赖所必需的“剩余”。

“剥削”与“剥夺”虽然是两种不同的“抽离”机制,但二者之间的界限并不清晰,正如我们无法精确地划定资本的“生成”与“存在”、划定“资本的原始积累”与“资本主义积累”一样。不过我们可以肯定的是,剥削和剥夺为了资本积累而共同起作用。通过剥夺而实现的资本原始积累为进一步的资本主义剥削式积累创造了历史前提,而资本为了进一步积累,又需要提高剥削的“质量”而非“数量”。这就造成了大量的产业后备军,这些人口属于已被剥夺的“随时可供剥削的人身材料”①。马克思在讨论“资本主义积累的一般规律”时证明了这一点。资本不满足于自然的人口增长所提供的劳动力数量,它还需要一支不以这种自然限制为转移的产业后备军。资本既没有能力也没有兴趣去雇用全部劳动力,相反,它的做法是把雇主与雇主的矛盾、雇主与雇员的矛盾,转移到雇员与雇员、雇员与待雇员的矛盾上:“工人阶级的一部分从事过度劳动迫使它的另一部分无事可做,反过来,它的一部分无事可做迫使它的另一部分从事过度劳动,这成了各个资本家致富的手段,同时又按照与社会积累的增进相适应的规模加速了产业后备军的生产。”②

然而,我们不难想象另一种情形:并不是所有被剥夺的人都能

① 《马克思恩格斯文集》第5卷,人民出版社,2009,第729页。
② 《马克思恩格斯文集》第5卷,人民出版社,2009,第733—734页。

在资本主义生产体系中找到一席之地。一些被剥夺者被排除在资本主义生产空间之外,他们无法将劳动力转化为商品。他们生活在一个被排斥的、多余的、可有可无的空间,本就没有什么可以失去的他们甚至连“雇佣奴隶制”的锁链也没有。这就引出了进一步思考的问题:在进入资本主义积累环节之后,原始积累以及与之相关的一系列要素和效应是否在普遍化的资本主义生产方式的冲击下“烟消云散”了?殖民地、第三世界以及后殖民地区与发达地区资本积累的关系该如何解释?对此,我们还需要把握又一种无情的“抽离”机制——“驱离”。

三、驱离与新的团结

原本被剥夺得一无所有的劳动者,被吸纳到剥削和待剥削的资本主义体系里,剥夺而来的资源转换为资本积累的原材料。当资本原始积累完成了这一使命之后,资本的增殖再无顾忌。如今看来,资本积累没有(也无法)抛弃原始积累的基因,甚至为了资本积累而刻意制造资本主义体系的边缘空间,并把一些在发展中被淘汰的人口驱逐到那里。这一过程的背后是“驱离”机制在运作,它把人口从资本主义发展的“中心”“抽离”出去。

马克思曾说:“资本在两方面同时起作用。它的积累一方面扩大对劳动的需求,另一方面又通过游离工人来扩大工人的供给,与此同时,失业的压力又迫使就业工人付出更多的劳动,从而在一定程度上使劳动的供给不依赖于工人的供给。劳动供求规律在这个基础上的运动成全了资本的专制。"[①]这种"游离"在当代的极端表现就是"驱离",而且它与过去被剥夺、被驱逐的移民有所不同。马克思批判的是"由地主占有制、农场的集中、机器用于农田,以及农业大规模现代化而造成的强迫移民"[②],这类移民的产生是因为生产力的压迫,"生产力增长要求人口减少,并且通过饥荒或移民来赶走过剩的人口"[③]。将农业劳作者从他的土地上驱逐出去,其方向是城镇,是资本主义生产的中心;驱离则相反,它将人口由内向外地驱向边缘。一旦工人彻底地游离于资本积累的体系之外,那么从资本的角度来看,这就是清除这些不再有效用的累赘。这种行径在危机时期体现得尤为赤裸,资本通过这种抽离机制"如释重负",从而实现积累的回速和提速。对于那些在资本主义的边缘和外围遭受了剥夺、在资本主义的体系内部遭受着剥削的人群而言,凄惨命运的背后至少还弥留着"后备"的希望。而一旦真正彻底被驱离,那么就连虚假的等价交易的机会也一并被取消了。

当代美国荷裔社会学者萨森(Saskia Sassen)在其著作《驱离》中曾探讨过这种"驱离"机制,作者开宗明义地指出:"我们在全球政治经济中面临着一个可怕的问题:新的驱逐逻辑的出现。在过去20年里,被逐出我们这个时代核心社会经济秩序的人数、企业和场所急剧增加。这种走向彻底驱离的倾向,在某些情况下是由于基本的决策,但在另一些情况下是由于一些最先进的经济和技术成就。驱离概念让我们超越了更为熟悉的观念,即通过日益加

① 《马克思恩格斯文集》第5卷,人民出版社,2009,第737页。
② 《马克思恩格斯全集》第11卷,人民出版社,1995,第661页。
③ 《马克思恩格斯全集》第11卷,人民出版社,1995,第662页。

剧的不平等状况来把握当下全球资本主义的病症。”①

在西方社会，一个常见的既复杂又极端的例子是将低收入工人和失业者从政府的社会福利和医疗计划中、从企业保险和失业救济中驱逐出去。如此一来，留下的人口与被驱离人口之间的鸿沟不断加深，而且这一趋势在当前环境下几乎是不可逆的。野蛮驱离的背后既有基本政策，也有复杂且专业的知识技术的推动。复杂性本应有助于发展社会领域，扩大和提高社会福祉，然而相反的是，他们经常通过极端的不平等来肢解社会，破坏自由民主所承诺的中产生活，将弱势群体和穷人从土地、工作和住房中驱逐出去。特别是在危机时期，原本可能处于“地下”的驱离机制不可避免地破土而出。如一些西方国家在遭遇新冠疫情时选择群体免疫策略，放任一些高龄、低端的人口在病毒的侵袭下死去，再如借由某些事件而掀起的对亚裔、非裔群体的种族歧视和排斥浪潮，等等。部分人口的驱离甚至清除让资本积累更加从容。对于急需回速的资本积累而言，被驱离的人口不再是有效用的劳动者或消费者。甚至于，虽然一些既得利益者打着保守主义旗号来维护本国本地域人口的利益，但实际上，那些曾经对资本主义的发展起过重要作用的当事者（如小资产阶级、传统的民族资产阶级，或者更为模糊的“中产阶级”）也不再有效用，随时可能成为（或已经成为）被驱离的对象。本质上，这种趋势并不是反常，也不是某一次具体危机的结果，而是资本积累体系在进行系统性自愈和深化的一部

---

① Saskia Sassen, *Expulsions*: *Brutality and Complexity in the Global Economy* (Cambridge and London: The Belknap Press of Harvard University Press, 2014), p.1.

分。在这个过程中,边缘地区的自然资源甚至比人力资源更为重要,原本那个依靠繁荣的工人阶级和中产阶级来实现全球加速扩张的资本主义时代已经再度进化了。

被驱离的人口与马克思那里的“产业后备军”有所不同。被驱离者一旦从理论上被划入“后备军”,那么实际也就被纳入“资本主义积累的一般规律”中,这一规律支配着资本存在的再生产。这样一来,被驱离者就成了资本过度剥削的受害者,成为超额剩余价值的来源,也就融入了资本主义的阶级关系网。但是严格来说,“驱离”并不属于资本自我增殖的领域,而是在另一个空间的概念化,被驱离者被排除在基于阶级的剥削空间之外。

留给我们的问题是:怎么办?怎么改变人口被驱离的现状?怎么应对资本积累的抽离机制?在不同抽离之下的受害者有没有可能联合起来反抗剥夺、剥削和驱离共同编制的压迫网呢?历史已经证明了这种联合难以实现,因为位于资本主义生产中心的“自由工人”的利益和目标,总是与边缘或外围人群的利益和目标分离开。阶级斗争很容易与反奴隶制、反帝国主义和反种族主义等斗争分离开;反之亦然,反抗差异化压迫的运动也对“劳工”同盟不抱希望。正如1870年的马克思对爱尔兰问题的判断:“英国所有的工商业中心的工人阶级现在都分裂为英国无产者和爱尔兰无产者这样两个敌对阵营。普通的英国工人憎恨爱尔兰工人,把他们看作会使自己的生活水平降低的竞争者。英国工人觉得自己对爱尔兰工人来说是统治民族的一分子,正因为如此,他们就变成了本民族的贵族和资本家用来反对爱尔兰的工具,从而巩固了贵族和资本家对他们自己的统治。……统治阶级所掌握的一切工具则人为地保持和加深这种对立。这种对立就是英国工人阶级虽有自己的组织但没有力量的秘密所在。这就是资本家阶级能够保存它的势力的秘密所在。这一点资本家阶级自己是非常清楚的。”①

而如今这种联合的前景又如何呢？资本积累的确孕育着另一种“ex-”，即反抗者的“爆发（explosion）”，只是这种由内而外的爆发方式愈发难以撼动资本积累的根基。一大原因在于驱离造成了被压迫者的茫然。今天的被压迫者大多在远离压迫者的地方生存，而且压迫本身也变成一个越来越复杂的系统。更甚者，资本在致力于营造驱离具有合法性的假象。原本资本的自我增殖没有必要与外部的非资本主义进行交换，因为其已经超越“生成”阶段而“存在”。但是一旦“驱离”机制开始起作用，那么资本为了保证其自身存在的合法性就必须在政治和意识形态的层面介入去解决外部问题。被驱离的生产者与生产资料重新结合，参与非资本主义的生产，通过资本领域之外的经济活动来生存。更具体地说，资本主义生产的一部分剩余并没有转化为新的资本，而是转移给驱离人口，构成了非资本主义生产的存在条件。众所周知，资本天生没有这样的同情心，也没有义务去确保驱离人口的幸存。资本的原始积累寻求将劳动资料转化为资本，并将其纳入资本主义关系的领域，而驱离机制的转移则是一种反向流动，将劳动资料从资本空间中解脱出来，并将其与劳动力结合在一起。这种劳动资料的去资本化被合法地描述为原始积累的逆转，被驱离者在非资本主义生产活动中得到复原。

---

①《马克思恩格斯全集》第32卷，人民出版社，1974，第655—656页。

资本积累的历史是巨大生产力的创造史,同时也是“一部劳动者的殉难史”①。马克思曾说:“资本来到世间,从头到脚,每个毛孔都滴着血和肮脏的东西。”②今天或许可以更进一步说:资本在世间的活动让这种血和肮脏有增无减,但我们对它的忌惮已不如从前。当代的马克思主义仍然需要批判资本主义,需要认清资本积累的“抽离”机制。而且,只关注抽离的某一种形式无法真正解放那些为抽离所宰制的人:被剥削者已经是被剥夺者;被剥夺者既可能被剥削,也可能被驱离;被驱离者在被驱离的那一刻就成了资本的“前任(ex)”,几乎不再有“复合”的可能。在认清现实之后,我们需要建立跨越边界的联盟,通过废除产生剥削、剥夺和驱离共生关系的资本主义矩阵来彻底根除这种“抽离”。

---

①《马克思恩格斯全集》第 11 卷,人民出版社,1995,第 662 页。
②《马克思恩格斯文集》第 5 卷,人民出版社,2009,第 871 页。

结　语

在马克思主义理论研究里，资本主义批判是一个经久不衰的话题。然而我们注意到，本书所着重关注的几个问题在国外学界讨论得十分谨慎，其中或许有政治正确等诸多缘故，况且当批判的对象与政治当局牵扯过多时，反倒使批判本身失去了其应有的效力。本书对当代资本主义批判的研究，既是以局外人的身份来审视资本主义世界的阴暗面，同时又以同属人类纪的局内人身份来思考人类解放的要义。最后，我们对本书的思考作一总结，并对未来的研究作一展望。

其一，资本主义与种族主义。种族主义是资本主义发展的痼疾，我们可以从很多渠道了解到在西方世界存在的种族歧视，尤其是白人对非裔及亚裔的歧视。种族主义和反种族主义一道成为资本主义世界的特有景观。这一景观直接以实践形式表现出来，相较而言，种族主义与反种族主义的对抗在理论上是略显贫乏的，且不大为国内学界所关注。实际上，种族维度对于资本主义批判而言是非常重要的。国外学界诸如种族资本主义批判、批判的种族理论等思潮流派,都在这方面取得了突出成果。本书既介绍了这些思潮流派的主要论域及意义,也指出了作为一种理论而言的不稳定性,以及因种族歧视的现实而催生的理论偏激性。因此,对于资本主义批判的种族维度,我们既需要对已有的努力和成果给予充分的尊重,同时也要注意站在马克思主义的立场予以甄别和取舍。资本主义与种族主义的复杂关系,揭示了许多隐藏在深处的残酷问题,但是由此引发的反抗却没有冲破资本主义的束缚,也没有对资本主义体系造成致命伤。可见,从反种族主义到反资本主义的转化仍有很长一段崎岖的道路要走。我们认为,未来的相关研究要思考如何注入马克思主义,实现马克思主义—反种族主义—反资本主义的有机结合,为那些受种族主义压迫和伤害的群体提供解放的规划。

其二,资本主义与黑人问题。这承接了资本主义与种族主义部分。讨论黑人问题是一种具体化,也是我们希望通过对黑人问题的剖析来揭示资本主义体系的内在矛盾。在种族歧视的范畴里,黑人遭受的歧视恐怕是最为典型的,黑人的反抗也是最有声势的,并且还是最能对当局的政策法规造成一定影响的。但关键的问题仍与种族主义/反种族主义是一样的,对于黑人种族身份的过度强调,使得黑人运动更多只是停留在反抗的层面,黑人的社会现实并没有发生实质性的变化。可见,如果资本主义体系不被彻底推翻,黑人问题将始终是一个问题。在白人至上的默许体系里,所谓的种族正义不过是虚无缥缈的承诺罢了。现在看来,资本主义世界似乎已经对如何应付黑人运动驾轻就熟了。表面看,既然能够维持社会政治的稳定,那么对黑人问题的处理就是妥当的,但是深层看,这种治标不治本的处理只会让这一顽疾愈发深入骨髓。未来我们仍可以对黑人问题加以关注,把握资本主义与黑人问题的最新发展动态。

其三,资本主义与殖民主义。殖民主义素来是一个不好处理的问题,那些过去遭遇了西方列强殖民的国家和地区,对殖民主义大多抱有一种本能的厌恶感。但是,我们又不能不承认,资本主义早期通过殖民的方式打开了世界市场,为全球化奠定了基础。积极的一面不断被强化,但对于那些因殖民主义而遗留的问题却避而不谈,这显然是不妥的。难道殖民主义就该认为是理所应当的?痛惜自身的无能和羡慕强者的武力毕竟是两码事,这个历史遗留问题始终是挑战世界格局和威胁人类未来的一个隐患。殖民问题在黑格尔的国家法哲学里引发了争议,马克思在唯物史观的视域下批判了殖民主义,但是二者各自都存在未能进一步解释的遗憾。在我们的设想里,如果能够将黑格尔与马克思相结合,那么将可能成为在当代应对资本主义与殖民主义问题的切入口,这也是未来努力的方向。

其四,资本主义与资本积累。从资本主义的发展历史上看,它经历了数次世界性的危机,在破坏之后又得以重建,甚至比原先的发展更为繁盛。这种情况一方面为批判资本主义带来一定麻烦,另一方面也促使我们深入资本主义体系的内部去探寻其运行的秘密。资本主义的幸存得益于资本积累。原始积累是资本积累的起点,二者虽不可等同,但原始积累的因素已然渗透到资本积累的全过程。马克思主义的资本积累不是关注单纯的货币资本的积累,而是社会关系尤其是阶级关系的再现及其规模的扩大,与此相应,无产阶级的增加也会为取代资本主义而不断积累能量。从当代境遇来看,资本看似在积累,其实具体的形式却是不断地把资本主义体系中的“剩余”“抽离”出来。资本主义的优化和更新永远都是能够为资本服务的那部分。当代资本主义的残酷或许不再表现为早期原始积累的暴力形式(因为总是不得不用“文明”的外衣来包装),而是以这种无声的抽离来使剩余成为真正的多余。对资本积累机制的更细致分析是有必要的,唯有把握其动态,才能更好地应对资本主义世界的挑战。

在人类发展的历史画卷里,资本主义可谓浓墨重彩的一笔。我们应当肯定资本主义相对于过去时代所带来的划时代意义,同时也要看到资本主义对人类的剥削和压迫比以往任何时代都要残酷。当马克思恩格斯说:“资产阶级的灭亡和无产阶级的胜利同样是不可避免的”①,他们为人类的未来谋划了光明的前景,资本主义被共产主义取代的历史必然性也成为马克思主义的一大真理。作为一个理论工作者,首要任务即是立足时代、回应问题、解释理论。在这一意义上,我们对当代资本主义的批判若是能引起学界同仁对相关问题的更多关注,那么本书的存在即是有价值的。

---

①《马克思恩格斯文集》第2卷,北京:人民出版社,2009年,第43页。

参考文献

一、马克思主义经典著作

[1]《马克思恩格斯文集》第 1—10 卷，人民出版社，2009。
[2]《马克思恩格斯全集》第 15 卷，人民出版社，1963。
[3]《马克思恩格斯全集》第 26 卷第 2 册，人民出版社，1973。
[4]《马克思恩格斯全集》第 30 卷，人民出版社，1974。
[5]《马克思恩格斯全集》第 31 卷，人民出版社，1972。
[6]《马克思恩格斯全集》第 32 卷，人民出版社，1974。
[7]《马克思恩格斯全集》第 34 卷，人民出版社，1972。
[8]《马克思恩格斯全集》第 3 卷，人民出版社，2002。
[9]《马克思恩格斯全集》第 11 卷，人民出版社，1995。
[10]《马克思恩格斯全集》第 21 卷，人民出版社，2003。
[11]《马克思恩格斯全集》第 30 卷，人民出版社，1995。
[12]《马克思恩格斯全集》第 43 卷，人民出版社，2016。

[13]《马克思恩格斯全集》第 49 卷,人民出版社,2016。

[14]《列宁专题文集 论马克思主义》,人民出版社,2009。

[15]《列宁专题文集 论资本主义》,人民出版社,2009。

二、专著类

[1]单德兴:《论萨义德》,浙江大学出版社,2013。

[2]陈庆:《斯皮瓦克思想研究:追踪被殖民者的主体建构》,世界图书上海出版公司,2015。

[3]王岳川:《后现代后殖民主义在中国》,首都师范大学出版社,2002。

[4]张跣:《赛义德后殖民主义理论研究》,复旦大学出版社,2007。

[5]卢森堡:《资本积累论》,彭尘舜、吴纪先译,生活·读书·新知三联书店,1959。

[6]亨利·海勒:《马克思主义的资本主义史》,余达淮、刘沛妤译,江苏人民出版社,2020。

[7]萨义德:《东方学》,王宇根译,生活·读书·新知三联书店,2019。

[8]罗钢、刘向愚:《后殖民主义文化理论》,中国社会科学出版社,1999。

[9]巴特·穆尔-吉尔伯特:《后殖民理论——语境 实践 政治》,陈仲丹译,南京大学出版社,2007。

[10]罗伯特·扬:《后殖民主义与世界格局》,容新芳译,译林

出版社,2013。

[11]阿吉兹·阿罕默德:《在理论内部:阶级、民族与文学》,易晖译,吕黎校,北京大学出版社,2014。

[12]罗伯特·扬:《白色神话:书写历史与西方》,赵稀方译,北京大学出版社,2014。

[13]比尔·阿希克洛夫特、格瑞斯·格里菲斯、海伦·蒂芬:《逆写帝国:后殖民文学的理论与实践》,任一鸣译,北京大学出版社,2014。

[14]黑格尔:《法哲学原理》,邓安庆译,人民出版社,2016。

[15]黑格尔:《黑格尔政治著作选》,薛华译,中国法制出版社,2008。

[16]黑格尔:《精神哲学》,杨祖陶译,人民出版社,2006。

[17]哈贝马斯:《现代性的哲学话语》,曹卫东等译,译林出版社,2004。

[18]亚当·斯密:《国民财富的性质和原因的研究》上卷,郭大力、王亚南译,商务印书馆,1972。

[19]大卫·李嘉图:《政治经济学及其赋税原理》,郭大力、王亚南译,商务印书馆,2013。

[20]托马斯·索威尔:《美国种族简史》,沈宗美译,中信出版社,2015。

[21]威尔·金里卡:《当代政治哲学》,刘莘译,上海三联书店,2003。

[22]哈特、奈格里:《帝国》,杨建国、范一亭译,江苏人民出版社,2008。

[23] Joshua Glasgow, *A Theory of Race* (London: Routledge, 2009).

[24] MelvinOliver and Thomas Shapiro, *Black Wealth/White Wealth: A New Perspective on Racial Inequality* (London: Routledge, 2006).

[25] Les Back and John Solomos (eds.), *Theories of Race and Racism: A Reader* (London: Routledge, 2000).

[26] John H. Moore (ed.), *Encyclopedia of Race and Racism* (Detroit: Thompson Gale, 2008).

[27] Destin Jenkins and Justin Leroy (eds.), *Histories of Racial Capitalism* (New York: Columbia University Press, 2021).

[28] Ania Loomba, *Colonialism/Postcolonialism* (London and New York: Routledge, 2005).

[29] Vivek Chibber, *Postcolonial Theory and the Specter of Capital* (London: Verso, 2013).

[30] Saurabh Dube and Ishita Banerjee-Dube (eds.), *Unbecoming Modern: Colonialism, Modernity, Colonial Modernities* (London and New York: Routledge, 2019).

[31] W. E. B. Du Bois, *Black Reconstruction in America*, 1860–1880 (Cleveland and New York: The World Publishing Company, 1969).

[32] Charles W. Mills, *From Class to Race: Essays in White Marxism and Black Radicalism* (Lanham: Rowman& Littlefield Publishers, 2003).

[33] Kalyan Sanyal, *Rethinking Capitalist Development: Primitive Accumulation, Governmentality and Post-colonial Capitalism* (London: Routledge, 2007).

[34] Cedric J. Robinson, *Black Marxism: the Making of the Black Radical Tradition* (Chapel Hill: The University of North Carolina Press, 2000).

[35] Crystal Bartolovich and Neil Lazarus (eds.), *Marxism, Modernity, and Postcolonial Studies* (Cambridge: Cambridge University Press, 2004).

[36] Kevin B. Anderson, *Marx at the Margins: On Nationalism, Ethnicity and Non-Western Societies* (Chicago: University of Chicago Press, 2010).

[37] Etienne Balibar and Immanuel Wallerstein, *Race, Nation, Class: Ambiguous Identities* (London and New York: Verso, 1991).

[38] Saskia Sassen, *Expulsions: Brutality and Complexity in the Global Economy* (Cambridge and London: The Belknap Press of Harvard University Press, 2014).

[39] Michael Perelman, *The Invention of Capitalism: Classical Political Economy and the Secret History of Primitive Accumulation* (Durham and London: Duke University Press, 2000).

[40] George Fredrickson, *White Supremacy: A Comparative Study in American and South African History* (Oxford: Oxford University Press, 1981).

三、期刊论文类

[1]叶险明：《对“后殖民主义”语境中“西方中心主义”批判的批判》，《中共中央党校学报》2018年第4期。

[2]苗瑞：《21世纪西方学者关于原始积累持续性问题及其衍生问题的研究述评》，《华北电力大学学报(社会科学版)》2022年第2期。

[3]梅沙白：《〈资本论〉中的原始积累问题：西方学界的研究及当代争论》，《国外理论动态》2021年第2期。

[4]王亚杰、刘怀玉：《马克思的资本主义起源研究及其当代价值》，《河北学刊》2020年第2期。

[5]刘仁营、裘白莲：《马克思的“种族”主义与社会达尔文主义——一种历史观视角的比较反思》，《南京师大学报(社会科学版)》2010年第2期。

[6]叶险明：《马克思超越“西方中心论”的历史和逻辑》，《中国社会科学》2014年第1期。

[7]左宏愿：《种族、族群与阶级：西方马克思主义种族和族群研究的路径及其启示》，《民族研究》2017年第3期。

[8]邹诗鹏：《马克思对欧洲中心主义的批判》，《哲学研究》2018年第9期。

[9]郑祥福、张丹：《种族和阶级：马克思主义、种族主义和阶级斗争》，《国外理论动态》2019年第6期。

[10]王建华：《马克思主义视阈下的美国民族理论与政策评

析》,博士学位论文,中央民族大学中国民族理论与民族政策研究院,2011。

[11]程光德:《种族主义制度废除后南非共产党对社会主义的新探索》,博士学位论文,华中师范大学政治学研究院,2012。

[12]王彩虹:《罗宾·布莱克本唯物史观的新奴隶制思想研究》,博士学位论文,山西大学马克思主义哲学研究所,2019。

[13]张丹:《马克思主义视域下南非后种族隔离时代的种族主义和阶级斗争》,硕士学位论文,浙江师范大学马克思主义学院,2020。

[14] Tim Brennan, "The Empire's New Clothes", *Critical Inquiry*, no.29(2003): 338.

[15] Simon Gikandi, "Globalization and the Claims of Postcoloniality", *The South Atlantic Quarterly*, no.3(2001): 632.

[16] Susie O' Brien and Imre Szeman, "The Globalization of Fiction/the Fiction of Globalization", *South Atlantic* Quarterly, no. 3 (2001): 603-626.

[17] Bonita Lawrence and Enakshi Dua, "Decolonising Antiracism", *Social Justice*, no.4(2005): 120-43.

[18] Stephen Kats, "The Problems of Europocentrism and Evolutionism in Marx's Writings on Colonialism", *Political Studies*, XXXVIII (1990): 675-678.

[19] Maria Turchetto, "The Historicity of Marx's Categories", *Science & Society*, no.3(2000): 369.

[20] Nancy Fraser, "Is Capitalism necessarily racist?", last modified May 20, 2019, http://quarterly.politicsslashletters.org/is-capitalism-necessarily-racist/.

后　记

坦率地讲，本书一开始其实并不在我的研究计划中，它是具体情势的产物。现在总结起来，至少有这么三个考虑：

其一，它最初萌生于我对东方社会问题的关注。如果要真正有效地研究东方社会，其背后必然有着对西方中心主义（特别是欧洲中心主义）传统的打破。而欧洲中心主义的产生和传播，又与资本主义的发展是一道的。因此，我很自然地回到资本主义起源去思考。自此开始，资本主义在其发展过程中遗留的一些历史问题一直在困扰着我，使我不得不以断断续续的方式去寻找答案。

其二，新冠疫情，这是与全人类相关的世界历史事件。2020 年初，我所在的武汉正处于新冠疫情的暴风眼。不仅是我，可以说所有的武汉人都是这场疫情的特殊的经历者。自疫情暴发之后，我用了整整一年的时间来观察和记录中国以及世界的动态，也正是这项例外的工作让我看到，资本主义世界的许多矛盾都在这次突发性事件中彻底暴露出来，以至于我们如今在谈论资本主义批判的时候,无法绕开本书所讨论的几大问题。特别是,资本主义世界像往常的危机经历一样,在此次新冠疫情中开始逐步自愈,这不禁让我迫切想要知道:究竟是什么因素使资本主义得以不断幸存?

其三,我有时会尝试以更宏大的视野去思考:在百年未有之大变局里,人类的未来会走向何方?在资本主义尚占主导地位的世界里,那些仍然处于资本主义体系中的受剥削和压迫的人们该如何反抗社会现实?中国特色社会主义在如今的世界历史时刻应当扮演怎样的角色,其道路又会通向何方?诸如此类。当然,以本书的体量是无法回答这些宏大问题的,但是不妨碍这个已有的成果可以成为一个起点、留下一个脚印。

感谢我的博导恩师邹诗鹏教授。三年博士期间,邹老师对我的培养和引导可谓量身定制。毕业之后,邹老师依然非常关注我的学术进展,同时也很操心我今后的发展。本书算是我对自己的一个交代,也是我对恩师教诲的回报!

感谢我的博士后合作导师欧阳康教授。我感到抱歉的是,这部书稿是在写作博士后出站报告之余完成的,其间时常有精力分散、力有不逮之感,的确在一定程度上影响了出站报告的质量。好在欧阳老师对我是十分宽容的,他总是鼓励我多思考,不要过早地限定在某一领域或主题上。博士后的三年多时间里,我确实关注过许多问题。虽然思维很发散,但是也逐渐形成了一套适合自己的研究方法,我相信这笔财富是真正无价且受益终身的!

感谢中山大学哲学系马哲所的马天俊教授。本书中的很多观点实际得益于他的启发,或是听其讲座报告,或是读其著作文章,或是与其对话交流,无论何种形式,天俊老师对我的影响好似前辈对后辈的点化,而我则非常享受这种在顿悟之后加以学理阐释的过程。在很多时候,我们都过于沉溺在繁多的素材里,而可遇不可求的恰恰是能够将已有的杂乱思绪瞬间有序化的"点拨"。而我在这方面无疑是幸运的。

感谢广西师范大学出版社的邹旭勇编审,以及潘海宁兄、王淼姐。拙作能得到母校出版社的承认和出版是我莫大的荣幸,其中自然少不了旭勇兄作为责编所做的一系列辛苦工作。我在硕士毕业之后和同级的好友们疏于联系,但海宁兄和王淼姐在出版事宜上依然热情。同窗缘分令人难忘,与他们的交谈让我梦回当初在师大求学时的情景,当时稚嫩的文笔还在不切实际地描画着学术生涯的未来。还有敬爱的谭培文老师,他的耐心指导和鼓励,帮助我很快地找到专业学习的状态,并且打下了文本解读的功底。在严谨治学方面,谭老师是当之无愧的标杆。而我作为学生的自觉,就是将导师的授业恩情铭记在心并付之于行。一晃十年了,希望现在的我没有让过去的我失望吧!

书中的一些内容先前已在《哲学动态》《现代哲学》《当代国外马克思主义评论》等刊物发表,感谢编辑老师的工作,也感谢评审专家的意见,帮助我进一步完善作品。

最后谢谢我的家人,他们对我的支持是不求回报的。

2023 年 12 月于武汉